O labirinto da hipermídia

Lucia Leão

O LABIRINTO DA HIPERMÍDIA

Arquitetura e navegação no ciberespaço

FAPESP

ILUMINURAS

3ª edição

Capa:
Fê

Revisão:
Rose Zuanetti

Filmes de capa:
Fast Film - Editora e Fotolito

Composição e filmes de miolo:
Iluminuras

ISBN: 85-7321-093-1

2005
EDITORA ILUMINURAS LTDA.
Rua Oscar Freire, 1233 - CEP 01426-001 - São Paulo - SP - Brasil
Tel.: (0xx11)3068-9433 / Fax: (0xx11)3082-5317
iluminur@iluminuras.com.br
www.iluminuras.com.br

SUMÁRIO

Para Frederico, Augusto e Sofia

APRESENTAÇÃO

> O labirinto convida à exegese, e o entrelaçamento de encruzilhadas e de corredores ramificados atrai irresistivelmente o intérprete a mil e um percursos. A fascinação exercida por um simbolismo considerado universal não é sem dúvida estranha à sua natureza gráfica de traçado aporético e de caminho mais longo encerrado no espaço mais curto.
>
> *Detienne, 1991:13*

> Escrever nada tem a ver com significar, mas com agrimensar, cartografar, mesmo que sejam regiões ainda por vir.
>
> *Deleuze e Guattari,1995:13*

O projeto original deste livro envolveu muitas paixões: a paixão pelos mitos, pelas novas tecnologias, pela complexidade, pelos paradoxos... Assim, o leitor poderá ver que o texto foi sendo tecido com fios advindos de diferentes matérias, diferentes campos do saber, que se entrelaçam no entusiasmo de uma dança labiríntica e hipertextual.

Iniciei esta pesquisa no segundo semestre de 1993. Na época, pretendia realizar um trabalho poético em hipermídia e, então, me dediquei a estudar alguns programas de autoria e linguagens de programação. A idéia de trabalhar com a metáfora do labirinto surgiu durante a experiência prática.

O termo hipermídia designa um tipo de escritura complexa, na qual diferentes blocos de informações estão interconectados. Devido a características do meio digital, é possível realizar trabalhos com uma quantidade enorme de informações vinculadas, criando uma rede multidimensional de dados. Esta rede, que constitui o sistema hipermidiático propriamente dito, possibilita ao leitor diferentes percursos de leitura. O processo de desenvolvimento de um sistema hipermidiático envolve uma série de questões que se avolumam e fazem emergir uma complexidade. Nesse sentido, a metáfora do labirinto é extremamente forte, muito mais complexa e ampla do que o senso comum costuma definir. Em outras palavras, apesar de o termo labirinto estar, de um modo geral, associado à idéia de confusão, de estar perdido e de erro, quando é visto como metáfora da complexidade, seu sentido se expande. Dentro dessa perspectiva, o labirinto se revela um tema de discussão bastante vasto. Foi assim que decidi examinar como o mito e a matemática do labirinto poderiam auxiliar na empreitada de compreender a realidade multidimensional que os sistemas de hipermídia nos oferecem. Apresento, a seguir, um breve resumo dos tópicos tratados em cada capítulo, para que o leitor, com esse mapa, possa se orientar no texto como um todo.

Na Introdução, apresento uma revisão sobre a teoria do hipertexto, algumas definições, bem como antecedentes históricos da hipermídia. Com o objetivo de sanar alguma dificuldade que pudesse surgir a respeito dos termos de informática utilizados, eu preparei um Glossário que se encontra no final do livro.

O Capítulo 1 comenta as características básicas da hipermídia, tais como interatividade e participação do usuário. Neste capítulo, veremos também alguns estudos de casos.

O Capítulo 2 discute temas como complexidade, sistemas dinâmicos, centrismo, policentrismo e acentrismo, em relação à arquitetura dos sistemas hipermidiáticos.

O Capítulo 3 investiga o conceito de labirinto e suas aparições em mitos de diferentes culturas. No tópico a respeito do labirinto nas narrativas gregas, examino relatos sobre Dédalos, Minos, Pasífae, Teseu, Ariadne, a dança do labirinto da Ilha de Delos e, além disso, exponho algumas pontuações sobre o labirinto egípcio e o labirinto no imaginário dos Malekulas. Neste capítulo, abordo também o conceito de virtual e falo sobre os labirintos presentes nas igrejas medievais.

No Capítulo 4, apresento um breve apanhado dos teoremas para resolução dos labirintos estudados em labirintologia matemática e faço associações com exemplos em hipermídia.

O Capítulo 5 versa sobre a arquitetura dos sistemas hipertextuais, as características distintivas das posturas do arquiteto e do viajante, a metáfora da navegação e finaliza apresentando alguns pontos a respeito da atividade do leitor de hipertextos.

Lucia Leão

São Paulo, primavera de 1998.

AGRADECIMENTOS

Quem pode ter vivido sua vida em solidão
e não ter se encantado de
como os anjos ali o visitaram de vez em
[quando
e o deixaram partilhar
daquilo que não pode ser dado à multidão?

Rainer Maria Rilke, 1959:73

Se é verdade que o trabalho de pesquisa é uma atividade solitária, também é verdade que, nessa solidão, encontramos mensageiros que nos iluminam o caminho. O momento dos agradecimentos é a hora em que queremos compartilhar a alegria de saber que alguém estava conosco, ao nosso lado, nos apoiando. Agradecer é dividir essa alegria recebida. Assim, quero agradecer imensamente a orientação que recebi de Arlindo Machado. Grande conhecedor da virtude da temperança, Arlindo soube dosar, com sabedoria, comentários críticos e estímulos aos vôos mitológicos. Realizou, assim, a mágica alquimia do mestre: ser o catalisador do processo do conhecimento.

O caminho interdisciplinar que esse livro tomou só foi possível graças à abertura e à filosofia hipertextual que permeia o Programa de Pós-Graduação em Comunicação e Semiótica da PUC-SP. Quero manifestar minha gratidão à Coordenadora do Programa, Lucia Santaella. Foi Lucia que me introduziu na apaixonante aventura do pensamento semiótico, um instrumental que me fez ver o mundo com olhos triádicos. Sou também extremamente grata à leitura atenta e profunda que Lucia fez deste trabalho, por ocasião de minha defesa de mestrado. Suas palavras iluminadas e estimulantes me revelaram a importância de compartilhar essa pesquisa.

Na PUC, tive contato com excelentes pesquisadores, grandes mestres e pensadores sem fronteiras. Entre eles, gostaria de agradecer ao Prof. Solomon Marcus, da Romênia, matemático, defensor enfático da construção de pontes entre as diversas disciplinas, que me introduziu nos fundamentos científicos da metáfora como processo cognitivo; ao Prof. Antonio Medina, grande estudioso do mundo helênico; ao Prof. Floyd Merrell, dos EUA, amante de Borges e seus labirintos; ao Prof. Rogério da Costa, mente lúcida e hábil viajante pelos tortuosos caminhos da filosofia; à Profa. Ana Claudia Oliveira, exemplo de pesquisadora entusiasta e determinada a vencer qualquer desafio; à Profa. Irene Machado, sempre tão próxima, amiga e confidente; ao Prof. Renato Cohen, artista inspirado e construtor de pontes (entre as pessoas e as artes); e a muitos outros, que, de alguma forma estão presentes aqui. A todos eles minhas sinceras homenagens.

Quero agradecer também às Instituições que apoiaram essa pesquisa: à CAPES, pelo apoio durante o Mestrado; e à FAPESP, que participa da edição deste livro e apoia o Doutorado.

Meus agradecimentos também para aquele que acreditou nesse sonho: Samuel Leon, editor de obras fundamentais, livros inesquecíveis. É um grande privilégio estar ao lado de alguém tão sério e inspirado.

Não poderia deixar de agradecer a compreensão e o suporte que recebi de meu marido. Frederico foi meu fio de Ariadne todos esses anos e exerceu com incansável paciência a arte da escuta. Quero agradecer também a meus filhos, Augusto e Sofia, que, embora muito pequenos, souberam respeitar e entender a importância desta pesquisa e se tornaram também apaixonados pelos labirintos...

Por fim, agradeço a todos aqueles que participaram do meu percurso. Uma das grandes alegrias da vida é fazer companheiros na jornada de busca ao conhecimento, é encontrar pessoas também movidas pelo amor ao saber. Aos amigos, Rejane Cantoni, Silvia Laurentiz, Priscila Farias, Paula Medina, Paulo Roberto Santos, Milton Sogabe, Gilbertto Prado, Fernando Fogliano, Daniela Kutschat, meu muito obrigada.

INTRODUÇÃO

Pensar não é sair da caverna nem substituir a incerteza das sombras pelos contornos nítidos das próprias coisas, a claridade vacilante de uma chama pela luz do verdadeiro Sol. É entrar no Labirinto, mais exatamente fazer ser e aparecer um Labirinto ao passo que se poderia ter ficado "estendido entre as flores, voltado para o céu". É perder-se em galerias que só existem porque as cavamos incansavelmente, girar no fundo de um beco cujo acesso se fechou atrás de nossos passos — até que essa rotação, inexplicavelmente, abra na parede fendas por onde se pode passar.

Castoríades, 1987:7-8

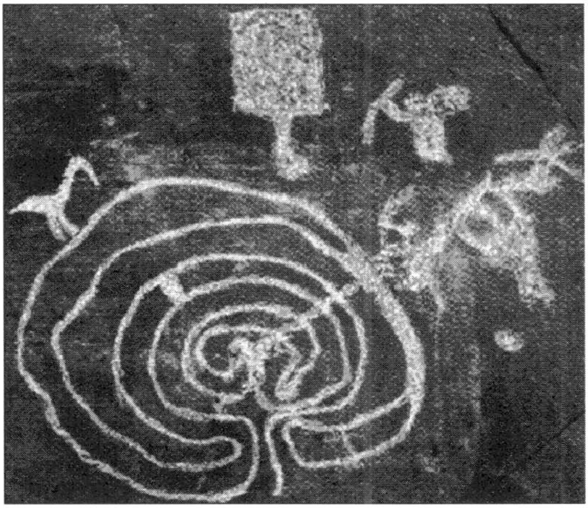

Figura 1
Uma das mais antigas imagens de labirintos. Labirinto rupestre de Valcamonica, neolítico.

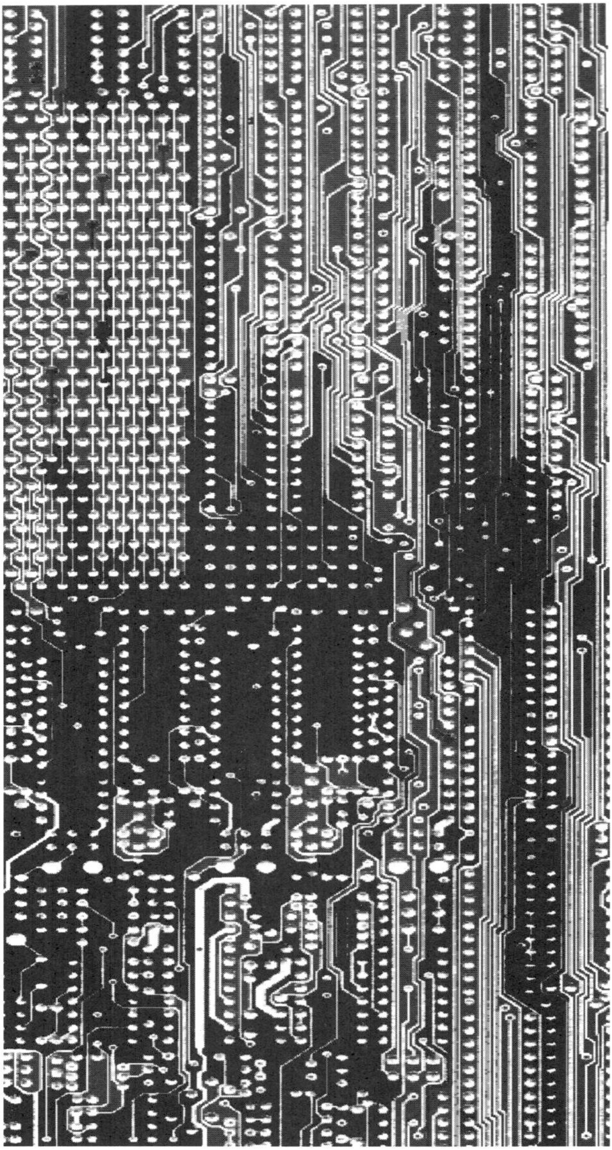

Figura 2
Imagem de uma placa. Pode-se observar que os circuitos impressos formam traçados labirínticos.

Preliminares: o método

Esta pesquisa tem por objetivo investigar a hipermídia, a partir de uma imagem metafórica universal e muito antiga: o labirinto. Assim, o método utilizado envolve a inter-relação entre dois campos de conhecimento: por um lado, uma nova tecnologia de escritura não-linear (a hipermídia), por outro, os estudos referentes ao labirinto.

A discussão metafórica esteve por muito tempo restrita às investigações poéticas. Porém, de alguns anos para cá, a metáfora voltou a ser estudada com bastante entusiasmo devido principalmente às pesquisas em Inteligência Artificial. A força cognitiva da metáfora é bastante grande. Os pesquisadores Holyoak e Thagard oferecem um exemplo que evidencia as diferenças entre uma relação metafórica e uma mera comparação: afirmar "meu trabalho é uma prisão" é muito mais forte do que dizer "meu trabalho é como uma prisão". A metáfora, à medida que articula esquemas analógicos, não se interessa por similaridades ou comparações. Sua característica principal é conceber uma outra categoria de conhecimento que envolve os dois campos de saber (**A** e **B**). A interação entre esses campos se dá de tal forma que, após o vínculo metafórico, nossa compreensão se altera tanto em relação ao campo **A**, como em relação ao **B**. Da relação metafórica entre os campos **A** e **B** é possível extrair **C**, um outro tipo de conhecimento que emerge a partir dessa inter-relação. Em síntese, a metáfora, ao possibilitar a aproximação de dois mundos ou domínios heterogêneos, viabiliza uma re-descrição de um determinado assunto e oferece uma visão criativa e inesperada. Entre os autores que, nesse sentido, inspiraram este trabalho e que também realizam uma pesquisa interdisciplinar, gostaria de citar o magnífico livro de Hofstadter, *Gödel, Escher, Bach.*

Algumas definições

O hipertexto é um documento digital composto por diferentes blocos de informações interconectadas. Essas informações são amarradas por meio de elos associativos, os *links*. Os *links* permitem que o usuário avance em sua leitura na ordem que desejar. Além do modelo hipertextual baseado no binômio "elos & blocos de textos", existem sistemas com outros tipos de estruturas interativas (relações, séries, série de Petri, etc.). Através dessas estruturas interativas, o leitor percorre a trama textual de uma forma única, pessoal. Um dos recursos que o usuário pode utilizar é o *search* (busca). Este recurso rastreia um extenso volume de informações em questão de segundos.

Desde o final da década de oitenta, presenciamos a popularização da palavra *multimídia*. Este termo pode adquirir significados diferentes de acordo com o contexto em que é usado. Neste livro, utilizo *multimídia* em seu sentido comum, ou seja, a incorporação de informações diversas como som, textos, imagens, vídeo, etc., em uma mesma tecnologia — o computador.

Hipermídia, por sua vez, é uma tecnologia que engloba recursos do hipertexto e multimídia, permitindo ao usuário a navegação por diversas partes de um aplicativo, na ordem que desejar. Como o interesse central deste livro é analisar a estrutura que suporta a construção em hipermídia, não farei qualquer distinção entre os termos *hipermídia* e *hipertexto*, pois, dentro desta perspectiva, o fato de um aplicativo contar ou não com diferentes tipos de mídia é irrelevante.

Veremos a hipermídia em dois casos: nos aplicativos de CD-ROM e na WWW. Na Web, cada endereço pode ser compreendido como um nó da rede, e os *links* podem ser tanto para outras páginas do mesmo *site* como também para outro *site* qualquer que esteja conectado. Dentro dessa mesma linha de raciocínio, Francis Heylighen (1994:355-368) desenvolve o conceito de hipermídia "distribuída". Segundo ele, a hipermídia "distribuída" é a síntese de três fatores: primeiro, o documento é todo marcado por referências cruzadas, os *hotlinks*; segundo, a informação contida no hiperdocumento pode advir de qualquer mídia; e acrescenta a propriedade de "distributividade". O caráter de "distribuição" refere-se ao fato de que os documentos conectados podem estar situados em várias partes do mundo, mantidos por equipes diferentes.

O que distingue a hipermídia é a possibilidade de estabelecer conexões entre diversas mídias e entre diferentes documentos ou nós de uma rede. Com isso, os "elos" entre os documentos propiciam um pensamento não-linear e multifacetado. O leitor em hipermídia é um leitor ativo, que está a todo momento estabelecendo relações próprias entre diversos caminhos. Como um labirinto a ser visitado, a hipermídia nos promete surpresas, percursos desconhecidos...

Todo bom aplicativo em hipermídia oferece uma série de informações correlacionadas ao tema central, ampliando o potencial do conteúdo de leitura. Em geral, os títulos costumam incluir anexos, que podem ser consultados tão facilmente quanto o corpo central. Essa trama hipertextual representa uma grande facilidade de acesso a outras informações.

O título *Le Louvre - the palace and its paintings*[1], por exemplo, procura ser bastante abrangente não só em relação à história do museu propriamente dita, mas também sobre os períodos da história da pintura, a vida e obras dos artistas de sua coleção. A interface da enciclopédia interativa *Campton*[2], por sua vez, é composta de várias janelas, das quais se pode ter acesso a verbetes variados, que vamos consultando de acordo com o nosso interesse.

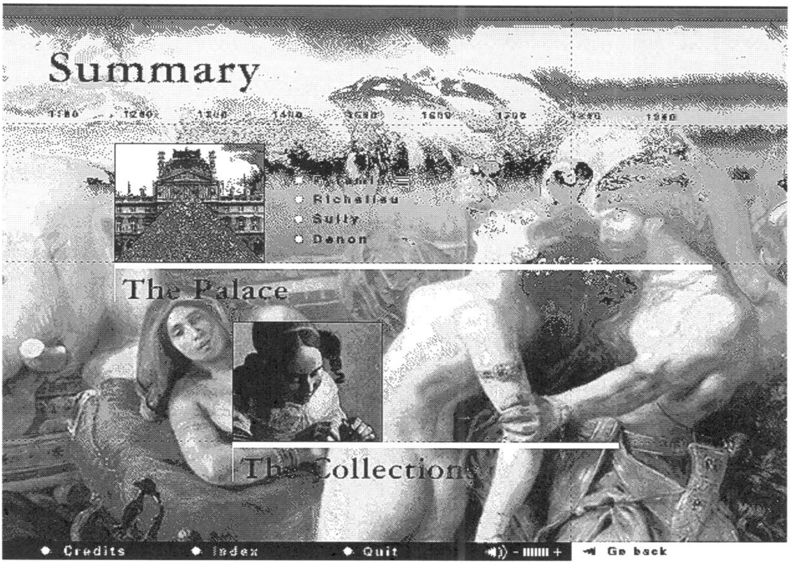

Figura 3
O CD-ROM *Le Louvre - the palace and its paintings*, além de contar a história do próprio museu, apresenta seções sobre a obra e a vida dos artistas da coleção e sobre diferentes períodos da história da pintura.

1) *O Louvre – o palácio e suas pinturas*. Este CD-ROM é de autoria de Dominique Brisson e Natalie Coural e foi editado pela empresa *Imagine the World*.
2) Enciclopédia interativa *Campton*, produzida pela *Campton's NewMedia*.

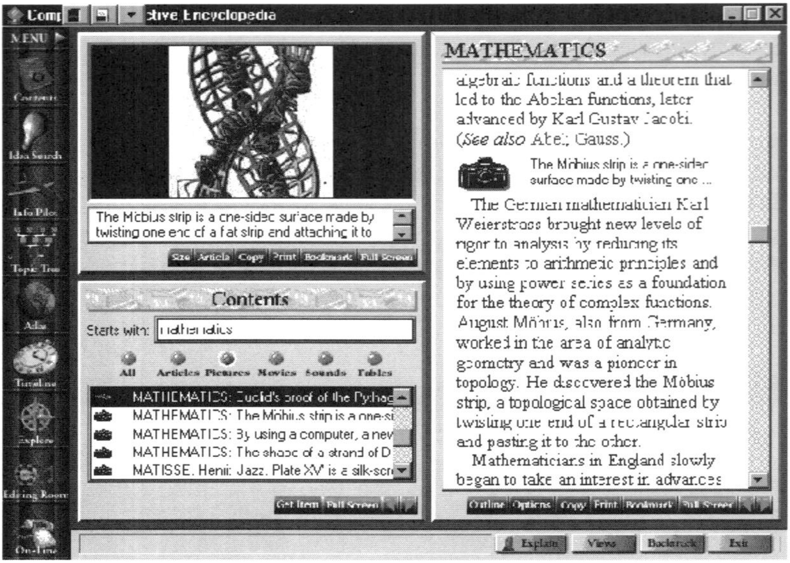

Figura 4
Interface da enciclopédia interativa Campton. Várias janelas na mesma tela permitem uma leitura dinâmica e politópica (que envolve vários tópicos simultaneamente). Em cada uma de suas janelas, temos acesso a um tipo de informação. A janela *contents* (conteúdo), por exemplo, oferece a possibilidade de busca por palavra. A busca pode ser feita em todo material da enciclopédia, só nos artigos, imagens, filmes, sons ou tabelas. No menu principal, presente na vertical esquerda da tela, é possível encontrar uma linha do tempo, um atlas, um mapa de tópicos, entre outras ferramentas.

Precursores

O visionário Walter Benjamin expressou a importância de uma escrita multidimensional muito antes do desenvolvimento da informática. Em seu fragmento "Rua de mão única"[3], Benjamin (1978:77-78) comenta uma atitude bastante freqüente no meio acadêmico. O autor de um artigo orienta-se pelas anotações de seu fichário no processo da escrita. Posteriormente, o leitor desse artigo irá fazer suas próprias anotações em seus arquivos. Dessa forma, o livro nada mais é do que

3) Na tradução inglesa: *One-way street.*

uma mediação entre dois sistemas de arquivos. Por que não distribuir o fichário? O fichário, por sua vez, representa uma conquista na escrita, que passa a ser concebida em suas múltiplas possibilidades de combinações, alcançando a tridimensionalidade:

> O fichário marca a conquista da escrita tridimensional e, deste modo, apresenta um extraordinário contraponto para a tridimensionalidade da escrita na sua forma original como runa e escrita nodular. E o livro hoje, tal como o presente modo de produção acadêmica demonstra, é uma ultrapassada forma de mediação entre dois sistemas de arquivos. Pois tudo que importa se encontra no fichário do pesquisador que o escreveu, e o aluno, ao estudar os textos, assimila o que importa em seu próprio fichário. (Benjamin, 1978:78)

Os *links* do hipertexto possibilitam que um documento possa ser consultado de diversas maneiras, criando uma estrutura dinâmica, aberta. Nesse sentido, o hipertexto, como sistema tridimensional de escrita, é a realização dos anseios de Benjamin, pois, com sua arquitetura fundada em blocos interligados, o hipertexto representa um fichário ativo, fácil de ser consultado.

1. Vannevar Bush

Em 1945, o físico e matemático Vannevar Bush apresentou os principais conceitos do futuro hipertexto em seu lendário artigo "*As we may think*"[4]. Sua idéia central é que a mente humana trabalha por associações. Segundo ele, os tradicionais sistemas de indexação, organização e troca de informações, por serem fundados em uma ordenação hierárquica, não são muito eficientes. Seu projeto *Memex* (*Memory Extension*)[5], uma máquina anterior ao computador, mistura de microfilme e célula fotoelétrica, era um potente aparelho para armazenar dados de diferentes tipos, permitindo elos entre os documentos. No Memex a consulta era feita a partir de elos associativos, assim o usuário podia construir seu trajeto de leitura de acordo com seu interesse. Bush enfatiza a trilha, o ordenamento linear dos tópicos que interessam ao pesquisador diante da profusão de material disponível. Enfim, as visões de Bush se endereçavam

---

4) "Como devemos pensar". Esse artigo pode ser encontrado na íntegra em um endereço da WWW. Ver *Índice dos* sites *citados*.

5) *Extensão de memória.*

claramente ao pesquisador acadêmico, aquele que necessita ordenar uma série de informações.

Aarseth (1993:68) retomou as idéias de Bush ao comentar trabalhos hipertextuais poéticos contemporâneos. Na sua opinião, o hipertexto é, potencialmente, muito mais do que Bush poderia ter sonhado, pois este via a não-linearidade como um "problema" (*maze*) a ser solucionado. Hoje, autores como Michel Joyce, Stuart Moulthrop e Ed Falco estão criando trabalhos hipertextuais poéticos que, ao contrário, jogam com a complexidade e subvertem todo esse desejo de organizar um caos de informação[6]. Michel Joyce, por exemplo, em seu *Afternoon, a story*, apropria-se da estrutura hipertextual para realizar um trabalho instigante: narrativas em primeira pessoa se mesclam a mudanças de cenários imprevisíveis. Ironicamente, *Afternoon, a story* não apresenta *links* visíveis. Isso, por um lado, pode ser visto como uma proposta de não direcionar o leitor a rotas predeterminadas; por outro, parece que Joyce quis romper com toda expectativa inicial de um leitor em hipertexto.

2. Douglas Engelbart

Voltando a falar sobre os antecedentes históricos, outro nome bastante importante é Douglas Engelbart. Como já vimos, o paradigma apontado por Bush baseava-se na hipótese de que a mente humana opera por associações. Engelbart, com o objetivo de dar ao homem ferramentas que o auxiliassem nas diversas operações mentais, pôs em prática essas premissas e foi além, desenvolvendo uma série de inovações tecnológicas. Seu projeto *Augment*, por exemplo, propunha auxiliar os "trabalhadores de conhecimento" (*knowledge workers*) e expandir os potenciais cognitivos humanos. Dentre as inovações tecnológicas atribuídas a Engelbart, pode-se citar o processador de texto, a utilização de redes, a interface de janelas (*windows*) e o *mouse*. Este último representou uma verdadeira revolução na interação homem-máquina. Talvez, por já estarmos muito familiarizados com ele, não paramos para pensar que o *mouse* é um dispositivo que associa gestos do corpo humano a tarefas a serem realizadas pelo computador.

---

6) Michel Joyce, Stuart Moulthrop e Ed Falco, autores de importantes trabalhos de ficção em hipertexto, entre os quais podemos citar: *Afternoon, a story, Victory Garden, Sea Island*, respectivamente.

> Ao associar movimentos da mão humana com operações de estruturas simbólicas (palavras, janelas, ícones, etc.) na tela do computador, o mouse eletromagnético, a invenção de interface, agora familiar, que Douglas Engelbart possui a patente, abriu caminho para a realidade virtual (RV). A realidade virtual ordena continuamente simulações associadas aos ambientes computacionais em resposta aos movimentos do corpo interpretados pelo computador através dos *inputs* coletados por *data gloves*, óculos e capacetes especiais, e outros dispositivos do gênero. (Joyce, 1995:24)

3. Ted Nelson

Considera-se Ted Nelson o inventor do termo *hipertexto* e de conceitos importantes como o texto elástico, *stretch text*, aquele que se expande e se contrai de acordo com a requisição de maiores informações. O termo hipertexto exprime o sonho de manter os pensamentos em sua estrutura multidimensional e não-seqüencial:

> As idéias não precisam ser separadas nunca mais (. .) Assim, eu defino o termo hipertexto simplesmente como escritas associadas não-seqüenciais, conexões possíveis de se seguir, oportunidades de leitura em diferentes direções. (Nelson, 1992:161)

No início dos anos 60, Nelson propôs o desenvolvimento de um sistema que possibilitasse o compartilhamento de idéias entre as pessoas, no qual cada leitor deixaria seu comentário. Com aspirações cósmicas, o sistema *Xanadu*, como foi denominado, seria uma espécie de "biblioteca universal". Nele, as pessoas poderiam trocar imagens, sons, filmes, documentos, diálogos, interações etc. O ousado projeto de Nelson nos remete a um mito muito antigo: o da biblioteca universal, aquela que contém um exemplar de todos os livros possíveis. A biblioteca universal é enorme, mas é também finita. Em resumo, o problema das bibliotecas relaciona-se à gestão de arquivos e banco de dados. Como conceber e organizar esses dados de forma que eles não sejam meras pilhas de informações, mas sim sistemas organizados? Um sistema organizado deve facilitar a inserção de novos dados, a procura de uma informação desejada e a seleção de dados segundo critérios previamente estabelecidos (Rosenstiehl, 1988:282).

A aspiração a uma biblioteca universal, uma *Biblioteca de Babel*, tem encontrado na WWW alguns reflexos. Na Internet, por exemplo, existem diversos endereços que proporcionam a possibilidade de acesso a textos *on-line*. O *Projeto Perseus*, dedicado a estudos sobre cultura grega e romana, é composto por mais de quinhentos textos originais em grego e inglês (Aristófanes, Aristóteles, Ovídio, etc.), além de fotos, mapas, etc. O ambicioso *site* do *Projeto Gutenberg*, por sua vez, apresenta textos integrais de autores que já caíram em domínio público. Um outro endereço interessante é o *Cybertown Reference Library*, que lista e comenta bibliotecas de referência da Web. Além disso, este *site* oferece verbetes de diversos dicionários em hipertexto e sistema de busca por palavra-chave.[7]

Grandes bibliotecas do mundo, como a *Biblioteca Nacional da França* e a do *Congresso Americano*, também estão presentes na WWW e oferecem o catálogo com os títulos de seus acervos e exposições temporárias de suas obras.

A Internet e a WWW

Vejamos agora um pouco da história do nosso grande labirinto atual: a Internet. A Internet nasceu em 1969, nos Estados Unidos. Seu nome original era ARPA (*Advanced Research Projects Agency*). Criada na época da Guerra Fria, a ARPA era uma rede do departamento de defesa norte-americano que tinha por função interligar centros de pesquisas. A Internet foi concebida como uma rede sem um ponto de comando central único e essa construção permite que ela continue ativa mesmo em caso de suspensão nas comunicações de alguns de seus centros. Todos os pontos da rede têm o mesmo poder de comunicação. Em outras palavras, se um centro de notícias **Z** não puder mais se conectar, o pesquisador **X** poderá continuar se conectando com o centro **Y**, ou o **W**, ou outro qualquer. Isto faz da Internet uma rede de estrutura rizomática.[8]

A Internet tem, como rede, uma grande capacidade de autogênese. Uma rede se forma e se transforma a cada momento. Diferentemente dos sistemas hierárquicos, do tipo árvore, no qual um tronco central mantém e sustenta seus ramos, quando falamos

---

7) Ver endereços no *Índice de* sites *citados*.

8) O conceito de *rizoma* foi desenvolvido por Deleuze e Guattari (1995). Para um aprofundamento, ver "Introdução: rizoma", *Mil platôs - capitalismo e esquizofrenia*, v. 1.

em redes, cada nó, cada ponto tem em si a capacidade de gerar uma outra. Supondo que um grande centro de pesquisas, fornecedor de dados da rede, fosse totalmente destruído, isso não implicaria em uma destruição da rede. Esta poderia voltar a crescer e a se desenvolver mesmo que só sobrasse um *site* ativo, pois, através desse *site*, outros poderiam ser criados e interconectados e a rede se reconstruiria novamente.

Neste sentido, a rede formada pela Internet adquire algumas características de rizoma, tal como esse conceito foi definido por Deleuze e Guattari em 1980. Embora não seja possível fazer uma aplicação geral do conceito de rizoma ao estudo da WWW, algumas das características apontadas por Deleuze e Guattari podem tornar mais claros alguns aspectos da rede mundial. O "princípio de ruptura a-significante", por exemplo, ilustra muito bem a capacidade de autogeração já mencionada.

> Um rizoma pode ser rompido, quebrado em um lugar qualquer, e também retoma segundo uma ou outra se suas linhas e segundo outras linhas. (Deleuze e Guattari,1995:18)

Vejamos o caso das formigas: cada formiga em si representa apenas um pequeno invertebrado. Porém, devido à sua organização rizomática, é muito difícil exterminá-las. Mesmo que um grande número de formigas seja destruído, o rizoma pode se recompor:

> É impossível exterminar as formigas, porque elas formam um rizoma animal do qual a maior parte pode ser destruída sem que ele deixe de se reconstruir. (...) Faz-se uma ruptura, traça-se uma linha de fuga, mas corre-se sempre o risco de reencontrar nela organizações que reestratificam o conjunto, formações que dão novamente o poder a um significante (...) (Deleuze e Guattari,1995:18)

A WWW (*World Wide Web*), nascida em 1991, corresponde à parte da Internet construída a partir de princípios do hipertexto. A WWW foi desenvolvida por Tim Berners-Lee, que trabalhava para o CERN, um laboratório de pesquisas europeu sediado na Suíça. A Web baseia-se numa interface gráfica e permite o acesso a dados diversos (textos, músicas, sons, animações, filmes, etc.) através de um simples "clicar" no *mouse*. Devido à facilidade que sua interface oferece, a Web vem crescendo de uma forma vertiginosa. Antes da WWW, era necessário conhecer comandos UNIX para "acessar" a Internet.

Mas como se dá a arquitetura do labirinto na Internet?

A construção da teia mundial envolve o trabalho de diversas mentes, distribuídas em diversas páginas. Seu crescimento e sua vitalidade não se encontram localizados em um ponto central e específico. Ao contrário, é no caráter de autogeração e autopoiésis que a Internet se desenvolve. Sem dúvida alguma, o que faz da Web uma teia, uma rede na qual uma complexa malha de informações se interligam, é a própria tecnologia hipertextual que permite os elos entre os pontos diversos. Cada página, cada *site*, traz em si o potencial de se intercomunicar com todos os outros pontos da rede. Podemos até mesmo afirmar que páginas bem projetadas incluem conexões a outras páginas, as quais, por sua vez, também trazem conexões a outras e outras sucessivamente. Enfim, de um ponto da rede pode-se alcançar outros, que também possibilitam outros. Páginas de portas virtuais, potenciais a serem atualizadas, sedução de caminhos complexos... Como Jorge Luís Borges nos fala em "*La Biblioteca de Babel*":

> O universo (que outros chamam a Biblioteca) é composto de um número indefinido, e talvez infinito, de galerias hexagonais, com vastos poços de ventilação no centro, cercado por varandas baixíssimas. De qualquer hexágono, vêem-se os pisos inferiores e superiores: interminavelmente. (Borges, 1989:465)

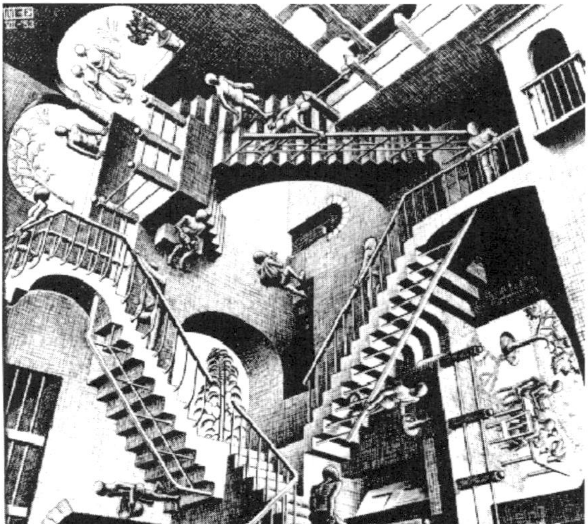

Figura 5
Litografia de Escher, *Relatividade*, 1953.

O surgimento de redes como a Internet facilitou muito a pesquisa. Hoje, podemos nos comunicar com pessoas distantes geograficamente, consultar livros em milhares de bibliotecas a qualquer hora. No andamento deste livro, por exemplo, fiz contato através de *e-mail* com diversos pesquisadores e centros de pesquisa[9]. Em pouco tempo, tive acesso a anais de diversos congressos, listas de publicações e artigos de meu interesse. Através de uma visita ao *site Hyper-G*, da Universidade de Graz, na Áustria, tive contato com a bibliografia relacionada ao projeto (inclusive artigos em jornais e revistas especializadas). Foi extremamente importante participar de discussões com especialistas e ter acesso a informações atualizadas sobre hipertexto.

Muitas vezes senti a experiência do labirinto ao recolher tantos artigos polêmicos e divergentes sobre o tema. Enfim, durante a pesquisa realizada para este livro, vivi profundamente o aspecto duplo e paradoxal da experiência hipermidiática. Por um lado, convivi com a euforia de estar conectada com o resto do planeta, discutindo questões emergentes e colhendo informações preciosas. Por outro, sofri para conseguir manusear uma profusão de dados. Senti a vertigem e a necessidade de voltar o tempo todo à já conhecida e segura tecnologia do texto impresso linearmente. Como Deleuze já afirmou em sua "*1ª série de paradoxos: do puro devir*", "Alice não cresce sem ficar menor e inversamente."(1974:1) É da natureza paradoxal do devir a simultaneidade, o puxar e avançar em dois sentidos ao mesmo tempo. Pesquisar na WWW é ao mesmo tempo se encontrar nas multiplicidades e se perder; é avançar e recuar o tempo todo; é não mais separar e ao mesmo tempo, com todas as forças, tentar distinguir; é o ilimitado e o limitado que tentam se manifestar e se confundem; enfim, nas palavras de Deleuze (1974:61), é o jogo ideal de Alice[10], no qual começamos quando queremos e "paramos de correr ao nosso bel-prazer". Nos sistemas hipermidiáticos vivemos a sensação de infinito como um grito que espelha a nossa finitude, buscamos definir limites e perímetros e, ao mesmo tempo, louvamos a imensidão... Parece que o comentário que Monegal fez a respeito da natureza labiríntica de Borges é bastante pertinente para comentar esse paradoxo do devir encontrado na Web:

> Para o homem medido e comedido, o quarto, o deserto e o mundo são lugares estritamente determinados. Para o homem

9) Ver endereços no *Índice de* sites *citados*.
10) *Alice no país das maravilhas*, de Lewis Carroll.

desértico e labiríntico, destinado ao erro de uma marcha necessariamente mais longa do que sua vida, o mesmo espaço será verdadeiramente infinito, mesmo se ele sabe que ele mesmo não o é, e tanto mais quanto mais ele o souber. (Monegal, 1980:116)

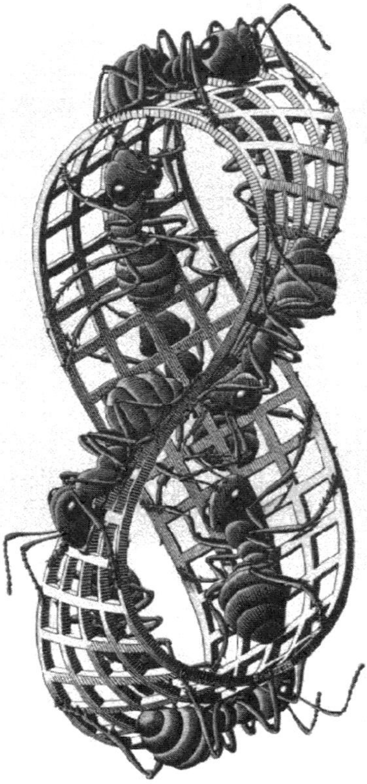

Figura 6
A idéia de uma "marcha mais longa que a própria vida" pode ser vista na xilogravura de Escher, *Disco de Moëbius II*,1963.

CAPÍTULO 1
CARACTERÍSTICAS DA HIPERMÍDIA

Lexias e links

O hipertexto, em geral, é composto por blocos de informações e por vínculos eletrônicos (*links*) que ligam esses elementos. Os blocos de informações costumam ser denominados *lexias.* O termo *lexia* foi empregado anteriormente por Barthes para designar blocos de textos significativos. Esse vocábulo foi retomado por Landow (1992:3-4, 40 e 52) como sendo o ponto onde se está antes de seguir um *link.* Outros autores preferem usar a denominação *nó.* De qualquer forma, ambos os termos correspondem às unidades básicas de informação. Uma lexia pode ser formada por diferentes elementos, tais como textos, imagens, vídeos, ícones, botões, sons, narrações etc.

As lexias adquirem nomes específicos de acordo com os programas em que são criadas. Desta forma, cada programa adota um tipo de metáfora e as características básicas das lexias podem variar bastante. Nota-se basicamente três tipos de variações: quanto aos limites que a lexia pode adquirir; presença ou não de diferentes graus de hierarquia na organização e concepção das lexias; e a mais importante das características, os tipos de relacionamentos que podem ocorrer entre diferentes lexias.

No caso do programa *Toolbook*, por exemplo, temos a metáfora do livro. Assim, cada lexia é criada como se fosse uma página. O que faz do *Toolbook* um programa hipertextual é que essas páginas podem conter referências cruzadas e estar conectadas umas com as outras de uma forma não-linear. Além disso, é possível criar diferentes livros e elos entre esses livros. Para construir um sistema hipermidiático, o autor deve criar páginas e colocar objetos nessas páginas. A autoria envolve também a concepção de um livro ou sistema de livros. Em seguida, deve ser escrito o *script* (série de comandos a serem executados pelo programa). A construção baseia-se numa hierarquia de objetos: *Toolbook* (o sistema hipermidiático propriamente dito); sistemas de livros que estão interligados; livros; "fundos" (*backgrounds*) que podem ser compartilhados por diferentes páginas; páginas (unidades básicas que podem ser vistas por vez, ou seja, a lexia); grupos; "campos" (onde se pode inserir os textos, imagens, etc.); botões; *viewers* e gráficos. O *viewer* é um tipo de janela que pode ser programado para aparecer sobre uma página. É bastante interessante programar *hotwords* com *viewers*, pois, dessa maneira, as definições anexas compartilham da mesma gestalt visual da página.

Em geral, os aplicativos hipermidiáticos costumam oferecer um sistema de ícones para a navegação. Isto é particularmente importante no auxílio ao usuário; porém, temos casos de experimentos poéticos que ocultam esses botões e oferecem ao leitor o desafio da descoberta de como interagir com o aplicativo. As ferramentas de navegação básicas referem-se aos movimentos: sair do sistema, retornar (para a página visitada anteriormente ou para a página que se encontra imediatamente atrás em uma seqüência pré-programada na autoria) e avançar ("para frente" no sentido linear em que estão organizadas as páginas e "para frente" após uma ação de retorno, ou seja, para um ponto determinado no momento da navegação pelo leitor). Mesmo quando não se tem tais comandos visíveis, são esses os procedimentos mínimos utilizados para navegar num sistema. Os botões (visíveis ou ocultos) que compõem o sistema de navegação devem estar presentes em todas as lexias.

No caso dos endereços da Internet, também podemos perceber a presença dessas unidades básicas de informação. Alguns *sites* são compostos por várias páginas que se interconectam através de palavras destacadas. As páginas têm cada uma seu endereço. Isto propicia uma interligação direta com o ponto específico que interessa ao *site* anterior.

As páginas da WWW muitas vezes são compostas por diversos itens de *hiperlinks*, formando uma espécie de "menu de links". É bastante comum, por exemplo, no final da *home page* o autor sugerir outros *sites* interessantes a serem visitados. Isto é muito simpático pois, com o aumento do potencial de conexões, a navegação tende a se tornar mais complexa, mais rica. Existem instituições, no entanto, que extrapolam e organizam suas páginas na Web em índices e mais índices, num movimento incessante de tópicos e mais tópicos que parece nunca acabar. Esse tipo de organização faz com que tenhamos uma série de *links* para outros *links*. Além do fato de causar uma sensação de vazio, pois é como se tivéssemos acesso sempre aos rótulos e nunca aos produtos, essa construção acaba por levar ao que Rosenberg e outros denominaram "desmaterialização da lexia" (1996:3). Sem dúvida, essas páginas vazias, esse movimento infinito de portas que dão em outras portas, encruzilhadas que chegam a outras encruzilhadas, pode ser percebido como uma característica bastante freqüente na WWW e é também a causa de uma sensação de frustração e ansiedade comuns aos navegadores. Estamos vivendo, na teia mundial, aquilo que já conhecíamos bastante em outras vivências: a experiência do nó. Imagem metafórica do impasse, da paralisia e do enredamento, o nó é aquilo que nos faz parar, que nos impede de prosseguir, é o não-lugar que nos suga, a inércia violenta e poderosa. O nó pode e deve ser utilizado pelos que desenvolvem jogos (*games*). O nó seduz aqueles que procuram situações desafiantes, que gostam de decifrar enigmas. Por outro lado, o nó deve ser evitado ao máximo por aqueles que buscam explorar o potencial de comunicação da WWW. Além desse aspecto da desmaterialização da lexia, menus e mais menus quebram demais o movimento natural e contínuo da leitura.

De uma forma geral, tanto na Web como nos aplicativos em CD-ROM, a presença da lexia acaba impondo um tipo de construção textual sintética, na qual se pode começar a ler o texto de qualquer ponto do sistema. Segundo Landow, isto acarreta uma das características mais marcantes do hipertexto, a de ser um texto fragmentado e atomizado:

> (...) o texto apresenta-se fragmentado, atomizado em seus elementos constitutivos (em lexias ou blocos de texto), e essas unidades legíveis passam a ter vida própria ao se tornarem menos dependentes do que vem antes ou depois na sucessão linear. (Landow, 1992:52)

Por outro lado, em oposição a essa construção atomizada e articulável, que pode ser lida em qualquer ordem, existem *sites* onde temos acesso a textos integrais (escritos anteriormente na forma linear e impressa). Estes textos são colocados na Web com recursos de rolamento (*scroll bar*), criando um tipo de página potencialmente gigantesca. No entanto, devido à interface do computador, mesmo que o documento disponível seja o volume inteiro de uma dissertação de doutorado, só podemos visualizar um fragmento do texto. Na leitura através do monitor do computador, perdemos a percepção física e espacial e não temos como conceber a imagem do texto como um todo.

A utilização de recursos de rolamento nos remete a uma característica que o livro apresentava no passado. O livro passou por diferentes transformações antes de assumir o formato a que estamos acostumados. A forma mais antiga de livro era bastante pesada, difícil de manusear e facilmente perdia sua ordem com o rompimento das correias. Como nos descrevem Febvre e Martin:

> (...) tábuas de madeira ou de bambu sobre as quais se escrevia verticalmente com a ajuda de bastonetes pontudos molhados em uma espécie de esmalte, juntadas e mantidas em boa ordem por correias de couro. (Febvre e Martin, 1992:108-9)

Em seguida, o peso da madeira foi substituído pela leveza da seda e depois pelo papel. No entanto, antes do livro se "deitar" na horizontal e ser dividido em capítulos, ele era enrolado:

> (...) mas as folhas de pequenas dimensões (25 x 45 cm mais ou menos) eram coladas extremidade a extremidade, formando longas faixas que se enrolavam e desenrolavam com a ajuda de um bastão servindo de suporte. (Febvre e Martin, 1992:110)

Dois fatores apontavam as falhas dessa tecnologia. Primeiro, o fato de o texto estar enrolado dificultava bastante achar um ponto específico do documento. Segundo, a necessidade técnica de se imprimir as páginas separadamente. Desta forma, o livro hoje é algo que pode ser "deitado sobre as prateleiras" e o "leitor tem sob seus olhos um índice detalhado do plano da obra" (Febvre e Martin, 1992:111).

E agora, o que vemos acontecer com esses livros inteiros disponíveis na WWW? O texto reassume a linearidade seqüencial do rolo e se enrola em dispositivos eletrônicos. Muitos *sites*, conscientes das dificuldades de manejo, bem como de recebimento na máquina que um texto enrolado e bastante grande oferece, estão retomando a divisão em capítulos. Isto, além de ajudar no manuseio, facilita o recebimento do documento, pois caso a transmissão seja interrompida (o que ocorre freqüentemente), não vai ser necessário "carregar" todo o texto de novo.

Porém, de uma forma geral, os programadores de hipermídia têm escrito suas lexias dentro de um princípio de atomização e capacidade de interconexão. Esse tipo de construção baseado em unidades (lexias) interconectadas foi denominada por Bolter (1990) como "escrita topográfica". Discuto esse conceito no Capítulo 5, quando trato das questões a serem pensadas pelo arquiteto.

Voltando para os pontos que proponho discutir neste capítulo, falemos a respeito dos *links*. São os *links* que possibilitam o relacionamento entre as lexias. Eles permitem que se teça associações semânticas, comentários mais aprofundados, definições, exemplos, etc. Os *links*, em sua maioria, são do tipo direcionais, isto é, levam o leitor a um ponto predeterminado pelo autor, podendo ser um ponto x, y, ou z, mas necessariamente são pontos que foram programados previamente. Além disso, alguns autores fazem uma distinção entre os *links* disjuntivos, do tipo "ou", e os *links* conjuntivos, do tipo "e". Os *links* disjuntivos têm sido empregados mais freqüentemente e correspondem a situações nas quais, ao "clicar" sobre um termo destacado, o usuário é levado para outro ponto do sistema. Os *links* conjuntivos são bem interessantes de serem usados, pois levam a uma experiência de simultaneidade. Quando se programa um *link* do tipo *pop up viewer*, por exemplo, ao "clicar" na *hotword* surge uma definição em uma pequena janela que se sobrepõe à tela que estava sendo lida. Assim, o leitor tem a possibilidade de continuar na página e ao mesmo tempo acessar uma informação adicional.

Outro exemplo de *links* conjuntivos que permitem a experiência da simultaneidade ocorre quando o simples ato de mover o *mouse* pela página aciona elementos novos que passam a compartilhar a tela do computador. Isto se dá porque a página é composta por diversas áreas sensíveis. Cada um desses pontos corresponde a um *hotlink* do tipo "não-clicável".

Um exemplo interessante de utilização desse tipo de *link* pode ser a construção de uma cronologia comentada. Atrás de uma aparente página limpa, com um desenho simples e enxuto, podem estar escondidos milhares de botões, *hotlinks* e *hotwords*. Primeiramente, o que se vê é a tela simples. Depois, para cada botão oculto existe um procedimento. Enfim, a hipermídia permite que complexas páginas camufladas em uma aparente simplicidade forneçam ao leitor as informações que ele está precisando, tudo isso de uma forma clara e objetiva.

Para a cronologia do título *Eisenstein Multimídia*, programei uma página com um desenho de fundo. As datas mais marcantes na vida de Eisenstein estão dispostas não-linearmente. Através da exploração desta página, o leitor percebe que ao "clicar" sobre uma determinada data aparece o evento correspondente a essa data. Nos algarismos de cor vermelha temos os eventos mundiais. Os pretos correspondem a fatos da vida do cineasta. Enfim, toda informação que deve constar de uma cronologia está presente em uma única página, oculta, porém acessível através de um simples "clique" no *mouse*.

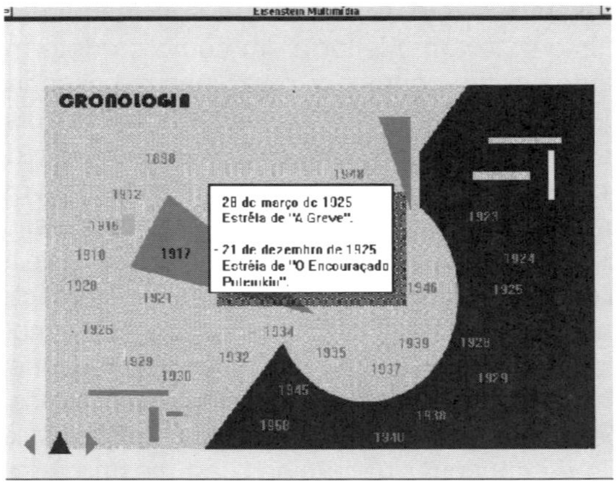

Figura 7
Página com Cronologia do CD-ROM *Eisenstein Multimídia*. As datas marcantes na vida de Eisenstein estão dispostas não-linearmente. "Clicando" sobre uma determinada data, uma janela surge com a informação sobre o evento correspondente.

Hipermídia e topologia

Vejamos agora como um ramo da matemática, a topologia, pode nos auxiliar na compreensão da hipermídia. A topologia matemática divide-se em ramos distintos, a topologia algébrica, a diferencial, séries topológicas, entre outros. Acredita-se que o primeiro matemático a considerar os aspectos topológicos tenha sido Euler[1], em 1736, ao publicar um artigo sobre a solução das pontes de Königsberg. O título deste artigo, *Solutio problematis ad geometriam situs pertinentis* (*A solução de um problema relativo à geometria da posição*), indica que Euler estava interessado em investigar um tipo diferente de geometria, na qual a distância não era relevante. A segunda pesquisa bastante

1) Leonhard Euler, (1707-1783). Célebre matemático, contribuiu para os estudos de combinatória e topologia.

importante desenvolvida por ele diz respeito à fórmula para o poliedro, em 1750. A fórmula diz:

$$v - e + f = 2$$

Sendo **v** o número de vértices de um poliedro; **e** o número de extremidades; e **f** o número de faces. Segundo historiadores da matemática, esta fórmula bastante simples proporcionou uma verdadeira revolução, pois, até então, todos os matemáticos pensavam em propriedades geométricas relacionando-as a medidas (isto inclusive em Arquimedes e Descartes).

Um outro matemático, Antoine-Jean Lhuilier (1750 -1840) dedicou muitos anos de sua vida ao estudo da fórmula de Euler. Em 1813, Lhuilier publicou um artigo no qual afirmou que a fórmula de Euler não funcionava com sólidos com protuberâncias e buracos. Assim, Lhuilier provou que, para os sólidos com buracos "g", teríamos a seguinte expressão:

$$v - e + f = 2 - 2g$$

Esta fórmula demonstra aquilo que ficou conhecido por "invariância topológica". Acredita-se que Johann Benedict Listing (1802-1882) tenha sido o primeiro a usar o termo topologia. Suas idéias se baseavam nas teorias de Gauss, porém este último nunca publicou nada a respeito de topologia. Seu artigo mais importante, escrito em 1861, estudava questões como componentes de superfícies e conectividade. Outro nome ilustre, Riemann, já havia examinado a conectividade de superfícies anteriormente. Em 1851, ele estudou o conceito e, em 1857, introduziu as chamadas "superfícies de Riemann". Podemos citar outros matemáticos que discutiram a questão da conectividade utilizando métodos diferentes, entre eles Jordan (associando a curvas); Betti (estendeu as idéias de Listing a **n** dimensões); Poincaré (fundou uma base rigorosa para discuti-la, na série de artigos *Analysis situs* de1895 e criou o conceito de *homologia*). Um nome muito importante, Cantor, introduziu outro ponto fundamental para a topologia com sua teoria de séries e derivadas (*Cantor sets*). Em 1902, Hilbert apresenta o conceito de vizinhança topológica, que independe de medidas ou distâncias métricas.

Em resumo, pode-se dizer que a topologia estuda as propriedades que permanecem inalteradas quando as formas se modificam ao serem submetidas a torções, dilatações ou compressões. Em topologia, o fato da forma ser circular ou quadrada não tem a menor importância, já que isso pode ser alterado por processos diversos, dilatando-se, por exemplo. O que a topologia investiga é se a forma apresenta possibilidades de ligações, se tem protuberâncias, buracos, etc.

A pesquisa em hipermídia exige um olhar topológico sobre o sistema. É necessário que o exame de um aplicativo, *browser* ou *site*, verifique as possíveis ligações que estes oferecem a outros sistemas. Mais do que a forma geométrica, o foco de atenção se desloca para as propriedades estruturais que permitem as associações entre os *sites*. O interesse pelos aspectos qualitativos, pelos nós e corredores que se abrem e desembocam, passa a ter um valor prioritário na investigação. Afinal, eles é que irão definir o potencial interativo e o nível da complexidade dos sistemas. Percebe-se um aumento de potencial interativo proporcional ao número de ligações e associações que o aplicativo está projetado para executar.

A interatividade

O conceito de interatividade é bastante antigo e, pelo menos metaforicamente, toda obra de arte de qualidade traz em si o potencial interativo. No entanto, com o advento das novas tecnologias, aparece uma maior ênfase num determinado tipo de interatividade. No caso específico da hipermídia, podemos pontuar que a obra em si só se torna obra no momento em que ela é fruída pelo leitor. Enfim, a leitura é elemento constitutivo na realização do trabalho.

Millares (1997:40), em um artigo comentando o CD-ROM *Opus 1 Ovum e Fuge/Lemoine*, afirma que interatividade é algo literalmente impossível neste suporte, pois ele só permite leitura e, além disso, os eventos já foram previamente programados. Isto não é inteiramente verdadeiro. O CD-ROM pode estar programado de tal forma que alguns arquivos gravados em disco rígido sejam acessados no momento da leitura. Assim, é possível que o autor deixe seus comentários e interferências. É importante distinguir o suporte (no caso CD-ROM) da hipermídia. A leitura hipermidiática se dá a partir da interação entre o CD-ROM e o computador. Além disso, é possível incluir escolhas aleatórias, de tal forma que a obra seja, a cada leitura, primeira e única.

Em vários aplicativos de CD-ROM, as ações executadas pelo leitor acarretam reações específicas a serem realizadas pelo sistema.

Ao programar em hipermídia, concebemos *scripts* baseados nessas escolhas do usuário. Até mesmo o mais simples "clique" sobre uma *hotword* implica comandos que o programa deve executar. Sem dúvida, muitos trabalhos limitam as escolhas do usuário e oferecem apenas elos direcionais. Porém, veremos exemplos em que o incerto, o aleatório e o imprevisto são elementos constitutivos do jogo de navegar.

Vejamos agora alguns paralelos das questões discutidas anteriormente com a teoria literária. Muita confusão tem sido criada ao se falar em *arte interativa*, *obra aberta* e *obra potencial*. Antes de mais nada, proponho algumas distinções. O conceito de *literatura potencial*, por exemplo, é diferente do conceito de *obra aberta*. Segundo Eco (1971), toda obra de arte oferece múltiplas possibilidades de leituras. Em várias passagens de seu famoso livro *Obra aberta*, Eco afirma que a mensagem artística é fundamentalmente ambígua, plural. E essa característica é encontrada em obras de todos os períodos históricos.

O caso da literatura potencial é outro, pois, nesse tipo de poética, os elementos constitutivos estão empilhados, e é só no ato da leitura que a obra se realiza. Como exemplo de obra potencial pode-se citar alguns trabalhos de Raymond Queneau. Este poeta francês se dedicou ao estudo da matemática e desse contato surgiram experiências interessantes. Em 1961, Queneau propõe o célebre *Cent mille milliards de poémes*[2]. Construído a partir de princípios da combinatória, *Cent mille* oferece ao leitor a possibilidade de escrever sonetos únicos a partir de um jogo constituído por dez páginas com catorze versos cortados em tiras. O leitor deve embaralhar os versos e, em seguida, montar o seu soneto. Temos então, 140 tiras (10 x 14) que podem ser combinadas entre si formando poemas diferentes. É humanamente impossível ler todos os sonetos, e, portanto, estamos diante daquilo que Aarseth (1993:63-67) denominou como "texto ilegível" (*readerless text*), no sentido de que a abundância impede que uma pessoa consiga de fato ler o trabalho como um todo. Concordo com Machado (1993:179-184) que a qualidade poética da maioria dos sonetos resultantes é bastante questionável, no entanto, *Cent mille* nos faz pensar. Primeiramente, podemos nos perguntar: afinal quem escreve o poema que um leitor obtém nesse ato de embaralhar? Este poema, resultado de um acaso, é único e muito provavelmente nenhuma outra pessoa irá lê-lo. Tive oportunidade de visitar um endereço na WWW que reapresenta o *Cent mille*

2) *Bilhões de poemas.*

milliards de poémes de Queneau. Na versão da Net, os versos são embaralhados randomicamente pelo computador e, desta forma, quando se entra no *site*, já se tem uma das milhares de versões do poema composta. Isso significa que o simples fato de "acessar" o endereço já produz um poema. Caso o usuário deseje ler uma outra versão, basta recarregar a página.

Queneau realizou outro trabalho de literatura potencial, *Un conte à votre façon*[3], que também está na Internet. Este segundo caso é bem menos feliz, pois foi construído a partir de uma estrutura arborescente, na qual o leitor deve fazer opções baseadas na lógica binária do tipo "se isso... então, senão... então". Além de bastante limitado, esse trabalho não permite que o leitor verdadeiramente ultrapasse os limites impostos pelo autor. Nas palavras de Machado:

> O *Conte* de Queneau, em particular, nem chega a utilizar verdadeiramente a estrutura arborizada, já que ele pressupõe uma leitura contínua e linear (...), cabendo às bifurcações dar um toque de *nonsense* àquilo que é, na verdade, uma narrativa convencional. (Machado, 1993:183)

Esta mesma visão crítica de Machado pode ser empregada no exame de trabalhos que se dizem hipertextuais e não-lineares. A rigor, muitos aplicativos em CD-ROM são também trabalhos lineares e exigem uma atitude de leitura contínua por parte de seu leitor.

A versão em multimídia do *The society of mind*[4], de Marvin Minsky, editada pela *Voyager*, por exemplo, após a primeira impressão se revela um trabalho linear. Embora conte com recursos extras que o livro impresso não dispõe (vídeos, narrativas, imagens, animações), não se pode dizer que estamos diante de um trabalho não-linear e interativo. O grau de interatividade, se é que se pode chamar assim, que o aplicativo oferece se restringe à possibilidade de acesso a um índice de idéias ou a curiosidades, como visitar a sala de estar de Minsky e conhecer seus objetos. A compreensão do texto propriamente dito só é possível quando o leitor retoma a postura clássica e avança em sua leitura numa seqüência linear.

---

3) *Um conto a sua maneira.*
4) *A sociedade da mente.*

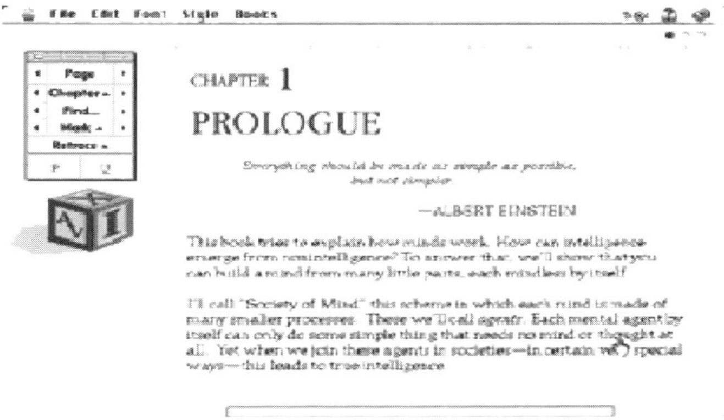

Figura 8
CD-ROM *The society of mind.* O texto de seu livro homônimo pode ser lido na íntegra.

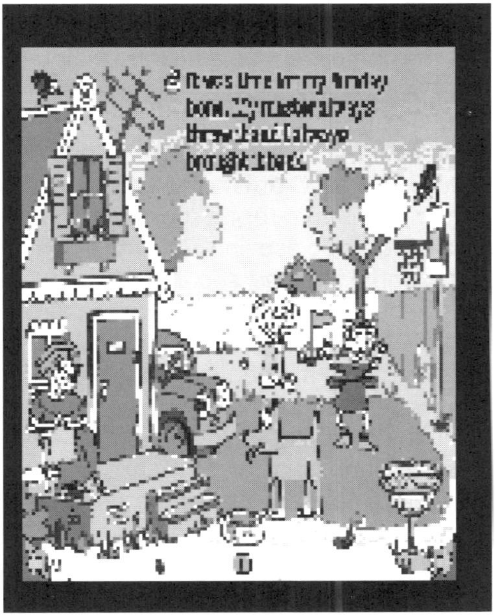

Figura 9
CD-ROM *Ruff's bone.* A imagem presente na tela é repleta de áreas sensíveis.

Em minhas pesquisas sobre jogos infantis, encontrei alguns exemplos nos quais a intervenção é elemento constitutivo da própria atividade. O CD-ROM intitulado *Ruff's bone*[5], da série *Living Books*, por exemplo, é um livro interativo em que a criança vai descobrindo uma série de eventos ao "clicar" o *mouse*. Baseado no livro homônimo de Eli Noyes, esse título conta uma história que tanto pode ser lida de forma linear, tal como um livro impresso, quanto pode se transformar num jogo. De qualquer forma, na versão em multimídia existe uma diferença qualitativa com relação ao material impresso, pois as imagens contidas na ilustração de cada página estão associadas a sons e animações. Dessa forma, o desenho vai ganhando "vida". Ao "clicar" no desenho do carro, por exemplo, escuta-se o som da buzina; quando se "clica" na menina com bambolê, ela começa a dançar, e assim por diante. Para uma criança, o contato ativo com as imagens faz da versão hipermidiática um jogo de descobertas fascinantes. De certa forma, esse título me faz lembrar momentos da minha infância, quando eu olhava atentamente para ilustrações coloridas de um livro de histórias. Com dificuldades de leitura escrita, ou até mesmo com preguiça, olhava para os desenhos pedindo que eles me contassem uma história e algumas vezes eles falavam...

Alguns artistas contemporâneos que pesquisam os meios tecnológicos atribuem à interatividade um papel de destaque na concepção de seus projetos. O artista canadense David Rokeby, por exemplo, desenvolveu seu próprio conceito de interatividade relacionado com a imagem do espelho. Em uma palestra apresentada por ocasião do *Colóquio Arte no século XXI: a humanização das tecnologias*, Rokeby demonstrou o quanto a interatividade pode ser compreendida como um modo de expressão artística. Segundo ele, a interatividade se define no momento em que a obra reflete de volta para nós as conseqüências de nossas ações e decisões. Temos então a possibilidade de entrar em contato com o nosso *self* que foi processado e transformado pelo contato com a tecnologia interativa. Dessa forma, para ele, o conceito mais importante em arte interativa advém da exploração do significado que emerge da tensão entre o interagente (ou leitor) e o reflexo do seu próprio *self* que a obra de arte lhe devolve da experiência. A instalação que Rokeby apresentou no Museu de Arte Contemporânea de São Paulo, *Very nervous system*[6], condiz com suas teorias. Através de equipamentos como

---

5) *O osso de Ruff.*
6) *Sistema muito nervoso.*

câmeras de vídeo, computadores e um sistema de som, o artista criou um espaço totalmente interativo. O visitante, através de seus movimentos nesse espaço, produz sons e música.[7]

Outros autores, como Frank Popper (1993:120-121), já anunciaram a importância do caráter interativo com relação à computação gráfica, dando a ela um perfume distintivo. Em seu capítulo sobre a *Computer Art*[8], Popper afirma que entre os exemplos desse tipo de arte pode-se constatar duas opções de busca ou caminhos. Como primeira opção, temos a categoria visual. Seus principais representantes são Kawagushi, as animações corporais algorítmicas de Huitric e Nahas, e os filmes sintéticos de Nadia Magnenat Thalmann e Daniel Thalmann. Já a categoria interativa, na opinião de Popper, aponta para horizontes mais específicos e inovadores. Artistas como Edmond Couchot, Jean-Louis Boissier ou Jeffrey Shaw estão desenvolvendo propostas que atuam na interface entre o real e o virtual. Exemplos de trabalhos de *Fax Art* da década de oitenta, por exemplo, à medida que buscavam uma expressão de pura metamorfose de suas imagens, já apontavam para as interações que hoje são possíveis e até mesmo corriqueiras na Internet.

No CD-ROM *Arte-cidade*, por exemplo, vários artistas foram convidados para desenvolver trabalhos poéticos com essa nova tecnologia. Alguns deles apresentaram meras reproduções de trabalhos anteriores. Outros, mais conscientes das capacidades interativas do meio, realizaram "trabalhos-propostas" para o leitor. Dessa forma, poesias eram criadas com as escolhas do usuário, imagens se transformavam, páginas se alteravam. Podemos perceber três tendências de exploração das possibilidades permutacionais nesse CD-ROM. Vários artistas optaram por desenvolver suas peças baseados nos princípios da programação em computação. No trabalho de Artur Matuck, pode-se optar entre as possibilidades de avançar (acelerador do carro) ou de parar (freio). A partir dessas escolhas, o leitor pode acompanhar a narração em vídeo de depoimentos de pedintes e vendedores que operam nos semáforos. O trabalho de Ana Muylaert também funciona nessa linha, pois se o usuário "clicar" sobre o botão "parar", ele estará acionando imagens diversas. Isto nos remete para os já descritos *links* direcionais e para um *script* de programação do tipo "se isso, logo isto...".

---

7) *Colóquio Arte no século XXI: a humanização das tecnologias*. Memorial da América Latina. São Paulo, 29, 30 de novembro e 1 de dezembro de 1995. *Exposição Arte e Tecnologia*. Museu de Arte Contemporânea de São Paulo, 28 de novembro a 10 de dezembro de 1995.

8) *Arte computacional*.

Numa segunda característica de proposta, podem ser situados os trabalhos de Walter Silveira e Otávio Donasci. Nesses dois casos, o usuário participa de jogos e deve demonstrar habilidades para superar desafios. No "poema-jogo" de Silveira, o leitor deve acertar as letras corretas, tal como na tradicional brincadeira de "forca". No trabalho de Donasci, armadilhas frustram o leitor em sua ânsia de interagir com o sistema. Dentro desse tipo de título que exige estratégias complexas do leitor, vale citar o *bestseller Myst*. O grau de dificuldade no avanço por entre seus obstáculos é tamanho, que recentemente surgiu um livro para auxiliar o jogador. Além disso, na Internet existem grupos de discussões quanto às estratégias mais avançadas para se jogar o *Myst*.

Voltando a comentar o *Arte-cidade*, uma terceira linha de pesquisa aponta para outros caminhos. Conforme pontuou Machado, no hipertexto com o qual ele participa desta coletânea, alguns trabalhos oferecem ao leitor alguma coisa como "seja você próprio um artista". Dentro dessa linha, Artur Lescher propõe que o leitor construa espirais rotativas baseadas nas de Marcel Duchamp. O leitor pode escolher a cor, o diâmetro e a velocidade ao criar suas próprias espirais. (Isso nos faz rever os antigos limites entre os papéis de autor e receptor. Falarei disso a seguir.) Pode-se dizer que, neste caso, o papel do artista foi o de criar um programa que fornecesse as ferramentas para que o receptor fosse, ele próprio, o autor de uma obra/leitura única.

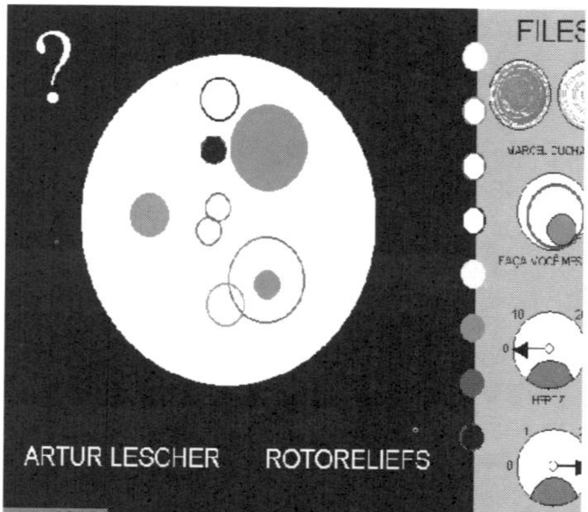

Figura 10
CD-ROM *Arte-cidade*. O trabalho de Artur Lescher permite que o usuário construa espirais rotativas.

Outro trabalho que vale ser citado como exemplo que explora possibilidades de intervenção do leitor é o CD-ROM *Puppet motel*[9] de Laurie Anderson. No início do aplicativo, o leitor tem diante de si um desenho que recria um ambiente meio "surreal", com objetos como telefones, TVs e corredores em movimento. Alguns pontos da tela são áreas sensíveis e correspondem a uma série de botões que acionam comandos, tais como ir para a página seguinte. Em cada tela são oferecidas várias atividades lúdicas e exploratórias para o navegante. Neste caso, se o leitor não interagir com a obra, simplesmente nada acontece. A obra só se revela mediante a participação efetiva do leitor.

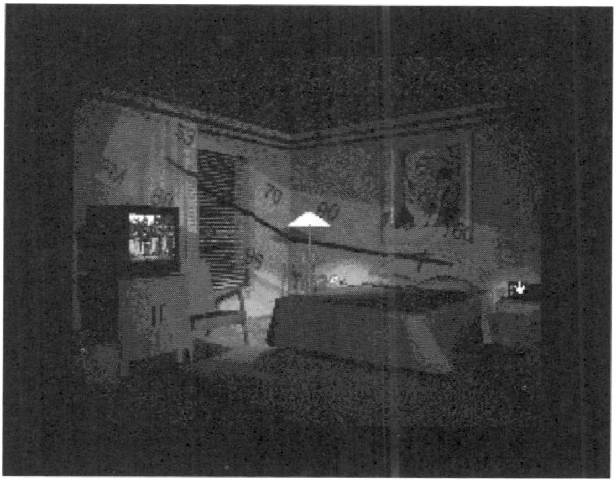

Figura 11
CD-ROM *Puppet motel*. Após interagir com o rádio, ao lado da cama, o usuário percebe mudanças em tempo real tanto na imagem como no som.

Enfim, o caráter interativo é elemento constitutivo do processo hipertextual. À medida que a hipermídia se corporifica na interface entre os nós da rede e as escolhas do leitor, este se transforma em uma outra personagem. Dentro dessa perspectiva, minha tese é: o leitor é agora um construtor de labirintos.

9) *Motel de marionetes.*

A autoria e o leitor-ativo

Pensar no leitor como um agente ativo — como um construtor de seu próprio labirinto — no processo de atualização da obra hipermidiática envolve mexer com antigos esquemas conceituais. Costumávamos pensar num tipo de obra em que os papéis de autor e leitor eram bem definidos e separados.

Como vimos, com o novo tipo de interatividade possível através do computador, novas relações emergem e o leitor passa a ter uma função capital, pois sem ele a obra se reduz à mera potencialidade. Vejamos o que o artista e teórico Edmond Couchot nos fala a respeito desse novo diálogo autor-receptor:

> Numa economia simbólica que se poderia chamar num significado próprio, dialógico — é assim que eu vejo, fundada sobre um diálogo, logo, sobre uma troca, interativa e multimodal —, o estatuto da obra, do autor e do espectador sofrem fortes alterações. O triângulo delimitado tradicionalmente pela obra, o autor e o espectador vêem sua geometria questionada. Para conservar a metáfora, dir-se-á que este triângulo tende a se tornar um círculo (...) Sobre esse círculo móvel, a obra, o autor e o espectador não ocupam mais posições estritamente definidas e estanques, mas trocam constantemente estas posições, cruzam-se, confundem-se ou se opõem, contaminam-se (...) Certamente não se vê nunca duas vezes o mesmo quadro, mas, com a imagem interativa, é o próprio quadro que muda no seu existir sensível — aos olhos de todos — e não somente na interpretação do observador. (Couchot, 1997:141-2)

O conceito de autoria é bastante complicado quando se fala em hipermídia. Em geral, na elaboração de um aplicativo para CD-ROM costumam trabalhar equipes numerosas. Além disso, na hipermídia mais vivaz, a que se realiza em redes como a Internet, temos um exemplo em que o termo "autoria" só pode ser utilizado com respeito a *sites* específicos. Vale lembrar que na Web, em cada nó da rede estamos conectados com um ponto desenvolvido por uma equipe, e podemos no instante seguinte estar em outro ponto desenvolvido por uma outra equipe e assim consecutivamente. Alguns pensadores já chegam a afirmar que a hipermídia representa o fim da era da autoria individual. Landow (1992:71), por exemplo, fala da reconfiguração do autor, que agora sofre uma erosão do *self* com a transferência do poder autoral para o leitor, que tem à sua disposição uma série de opções de escolha em seu percurso. Michael Joyce fez uma declaração bastante pertinente quanto a essa dissolução dos papéis: "Os textos eletrônicos se apresentam por intermédio de suas dissoluções. Eles são lidos onde são escritos e eles são escritos ao serem lidos" (Joyce, 1995:235).

O programa de autoria *Toolbook*, permite que se passe do modo autor para o modo leitor facilmente, apenas com o acionamento da tecla F5. Na passagem entre os modos de fruição do trabalho, a autoria cresce e se desenvolve. Na interface entre leitor-autor é que um trabalho amadurece. Um olhar mais atento sobre as questões da produção criativa não negaria que as coisas sempre foram assim. O escritor de livros impressos também escreve na interface leitor-escritor. E até mesmo o artista plástico sempre se utilizou do recurso de parar e olhar sua própria pintura mais de longe para poder prosseguir no seu trabalho. Mais uma vez, a hipermídia só está gritando mais alto sobre algo que sempre existiu, mas que desaparecia por trás de uma moldura maniqueísta. Uma criação se dá nas interfaces, nos múltiplos fatores que se relacionam, se auto-engendram e se transcodificam.

Esta dissolução de papéis tem provocado uma série de transformações. Até mesmo a maneira de apresentação de idéias deve ser repensada. Por exemplo, um trabalho em hipermídia não precisa mais se limitar a apenas uma linha de raciocínio. O argumento do pesquisador aparece somente na determinação de limites de inclusão e/ou exclusão.

Talvez um dos CD-ROMs mais provocativos e inquietantes que tive oportunidade de conhecer seja um bom exemplo desse tipo de trabalho que exige um leitor ativo. O título *Throwing apples at the sun*[10], do californiano Elliott Earls, surpreende em cada tela, com sua narrativa fragmentada do tipo *cut-up* de Bourroghs[11]. Logo na primeira página, temos uma imagem bem gráfica, repleta de áreas ativas e um som. Conforme vamos passando o *mouse* pela tela, eventos diferentes vão se sucedendo e o som também se altera. Dentre os eventos possíveis de ativar com o nosso passeio sobre a imagem, podemos ir para o quadro intitulado *Fast car*[12], ou ainda para a tela *5 nudes and a dead*

---

10) *Atirando maçãs ao sol.*

11) O *cut-up* foi um método criativo muito utilizado pelo escritor Wilian Bourroghs. Semelhante à montagem fotográfica, *cut-up* envolve a justaposição de recortes de materiais diversos (fotos, trechos de jornal, poemas, anúncios, etc.). Esses recortes, quando colocados lado a lado, criam um novo sentido. Outros artistas também trabalharam com *cut-up*: Brion Gysin, Tristan Tzara.

12) *Carro veloz.*

president[13], repleta de vídeos. Caso nossa escolha tenha sido ir para um outro bloco de eventos, o som se altera e começamos a ouvir um diálogo. No bloco *The dispassionate eye*[14], por exemplo, temos um lutador de boxe e o som *Muhamed*. Outro bloco de eventos bastante interessante é o *Book of the kings*[15]. Com uma tela composta por uma imagem de um livro todo adulterado, podemos ver logo na contracapa que os dizeres "Este livro pertence a..." estão riscados. Este risco oferece duas leituras: uma primeira, estética, pois o risco funciona como um grafismo e compõe com a tipografia mais monótona do texto impresso um efeito plástico. Uma segunda leitura nos faz pensar no sentido de se riscar sobre algo impresso anteriormente. Parece que Earls está dessacralizando algo. Estamos acostumados a respeitar aquilo que está impresso, como algo definitivo e portador de uma verdade. Esse criativo artista hipermidiático subverte esta ordem e diz que o que está impresso não vale mais, pois o gesto caligráfico está sobre ele nos impedindo de ler. A partir do momento que não podemos ler o nome do proprietário desse "Livro dos reis", Earls está também fazendo uma leitura crítica do sentido de propriedade. Durante a tradição escrita, os livros materializaram as idéias, a ponto de se criar uma relação de propriedade com cada exemplar. A frase "Este livro pertence a ..." está ali como um marco e uma evidência do sentido de propriedade que o paradigma da escrita trouxe consigo. À medida que é possível materializar o conhecimento em um livro, pode-se também possuir esse livro. O advento dos meios digitais está revertendo esse quadro para uma situação ainda não problematizada muito claramente. É possível possuir um CD-ROM. Porém, a que imagem material estamos nos referindo? Ao disco, materialmente falando, ou ao sistema hipermidiático que ele contém?

O trabalho de Earls continua a explorar aspectos da multimídia: enquanto nosso olhar passeia pela tela do computador, uma voz começa a recitar. Aqui, Earls recupera uma característica do período oral e nossos ouvidos são convidados a participar da leitura. Apenas em alguns momentos existe uma coincidência entre a voz que recita e o texto que está escrito. Ouvimos, por exemplo, *God bless ya Willian*[16], e quando passamos o *mouse* pela página aberta da direita surge esse dizer; quando passamos o *mouse* pela esquerda, surge o título do livro: *Great inventors and their inventions*[17]. O irônico é que, no livro que

13) *5 nus e um presidente morto.*
14) *O olhar sereno.*
15) *Livro dos reis.*
16) *Deus te abençoe, William.*
17) *Grandes inventores e suas invenções.*

consta como imagem de fundo, pode-se ver que está escrito esse título, no entanto, ele também foi riscado. Em algumas páginas uma voz vai lendo o livro, em outros momentos, dizeres mais lentos surgem ao mesmo tempo. Trata-se de um trabalho que explora aquela característica da multiplicidade e do espaço "politópico" tão bem descrita por Arlindo Machado (1994) ao comentar o vídeo-experimental *Parabolic people*, de Sandra Kogut. A grande inovação é que o trabalho de Earls permite, ao mesmo tempo que exige, uma postura interativa do leitor. Dessa forma, pode-se dizer que ler o *Livro dos reis* é uma atividade bastante complexa, pois envolve vários níveis topológicos de leitura, diversos sons e vozes que também estão nos fornecendo informação e elementos poéticos, uma multiplicidade de imagens de naturezas diversas, tais como fotografia, desenho, tipografia, pinturas, gravuras, etc. O leitor é, então, um operador das multiplicidades e deve proceder de uma forma descontínua e multilinear. Muitas vezes ele pode retomar um quadro anterior para pegar o fio da meada, porém, a estrutura do aplicativo em si é caótica e por que não dizer labiríntica, já que de cada ponto pode-se chegar a recantos inesperados e de cada um desses recantos surge uma nova paisagem. Tal estrutura requer um leitor habilidoso em navegação. Mas, mesmo numa segunda ou terceira empreitada, o aplicativo *Throwing apples at the sun* brinca de se exibir com uma roupa nova...

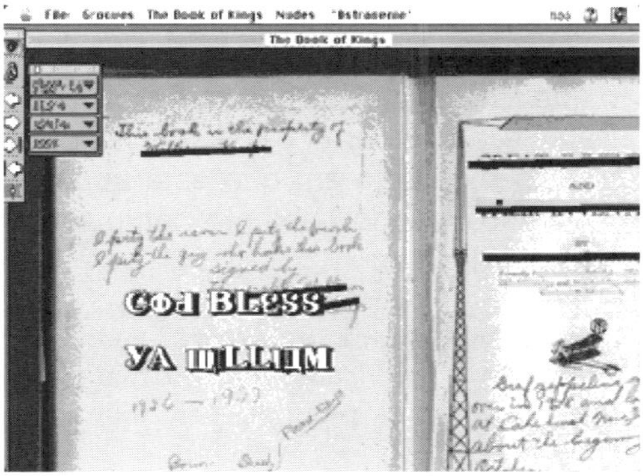

Figura 12
O CD-ROM *Throwing apples at the sun*, do californiano Elliott Earl, surpreende em cada tela, com sua narrativa fragmentada do tipo *cut-up* de Bourroghs. "Ler" o *Livro dos reis* é uma atividade bastante complexa, pois envolve vários níveis topológicos de leitura. O leitor torna-se um operador das multiplicidades e deve proceder de uma forma descontínua e multilinear.

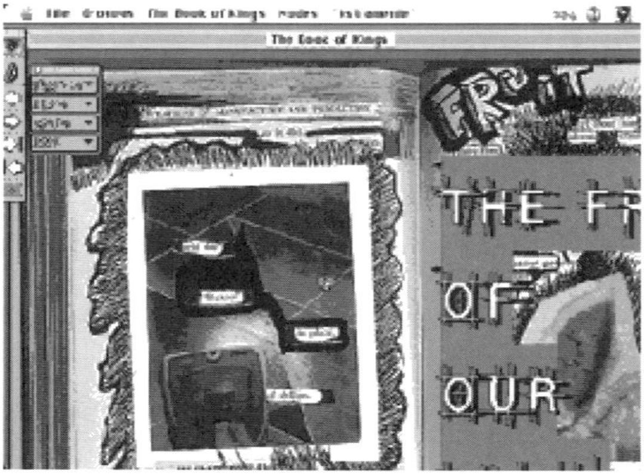

Figura 13
CD-ROM *Throwing apples at the sun*. Pode-se ver que algumas partes do texto foram riscadas. Estes riscos oferecem duas leituras: uma primeira, estética. Uma segunda leitura nos faz ver o sentido de se riscar sobre algo impresso anteriormente. Parece que Earls está dessacralizando algo.

Percebe-se que, no hipertexto, todo leitor é também um pouco escritor, pois, ao navegar pelo sistema, vai estabelecendo elos e delineando um tipo de leitura. O conceito de texto flexível requer e cria um leitor ativo. Como já disse Quéau (1993:96), "novas formas de navegação mental serão necessárias para reencontrar-se nos labirintos informacionais em constante regeneração".

O leitor-ativo que a hipermídia requisita é também o arquiteto de um labirinto. O viajante, ao percorrer o sistema, faz existir um espaço que se desdobra. No momento em que este atualiza escolhas, o desenho de um labirinto é criado. Labirinto, como sempre, pessoal e único. Rosenstiehl nos diz que:

> (...) o labirinto não é uma arquitetura, uma rede no sentido de quem o projeta e o concebe, mas o espaço que se desdobra diante do viajante que progride, sem mapa na própria rede. (1988:251)

Acompanhando essa linha raciocínio, eu diria um pouco diferente. Existem três labirintos. Um labirinto é a arquitetura propriamente dita, pura potencialidade gravada em disco, nos sistemas ou nas redes. Um segundo labirinto é esse "espaço que se desdobra" e que se forma através do percurso de leitura do viajante. Esse segundo labirinto é uma atualização do primeiro. O terceiro labirinto seria aquele que surge após a experiência hipermidiática. Nem sempre ele se delineia claramente. Muitas vezes, a percepção que fica desse labirinto é mais a de uma silhueta sem forma, imagem que se esvai. Falo desses três labirintos no Capítulo 5.

Alguns estudos de casos

Muitos dos títulos disponíveis em multimídia têm como função básica serem instrumentos de pesquisa. Dentro dessa categoria temos exemplos os mais diversos, desde enciclopédias convencionais até CD-ROMs mais inovadores. No primeiro caso, o leitor costuma se perguntar o porquê de estar diante de um computador, já que o resultado prático de sua pesquisa poderia ser conseguido em um livro impresso. Embora alguns possam alegar que houve uma redução significativa de preço e até de facilidade de manuseio e armazenamento de informações, na minha opinião, esses casos são exemplos de uma pobre apropriação da mídia em si. O computador permite muito mais do que isso. Através dos sistemas de busca randômica, os termos podem ser indexados e associados de formas as mais diversas e criativas, enriquecendo a pesquisa. É preciso que se recupere o sentido de enciclopédia enquanto *agkuklios paidea*, "aprendizagem que põe o saber em ciclo" (Morin, 1977:22), e que se deixe de lado o sentido meramente acumulativo de informações:

> (...) trata-se de en-ciclo-pediar, isto é, de aprender a articular os pontos de vista disjuntos do saber num ciclo ativo (...) O esforço referir-se-á, pois, não à totalidade dos conhecimentos em cada esfera, mas aos conhecimentos cruciais, aos pontos estratégicos, aos nós de comunicação, às articulações organizacionais entre as esferas disjuntas. (Morin, 1977:22-23)

O CD-ROM *Bookshelf* foi concebido para ser uma estante de livros de referência com possibilidade de cruzamento entre as informações contidas. Devido a essa estrutura permeável que possibilita ir tecendo os mais variados paralelos, o pesquisador tem diante de si informações advindas do dicionário comum, de sinônimos, de uma enciclopédia tradicional e de um livro de citações. Embora não se possa aprofundar muito no tema, já é um bom início.

Na Internet, também é possível realizar pesquisas rápidas e diretivas com o auxílio de endereços de material de referência. Bons exemplos são os *sites Cybertown Reference Library* e o *Research-it!* que reúnem várias ferramentas, tais como dicionários e enciclopédias.[18]

Aparentemente as visitas guiadas, ou tutoriais, seriam o ponto dos aplicativos em que estes se mostrariam mais impositores, oferecendo uma linha diretiva para o leitor. Sem negar que isso ocorra em alguns casos, escolhi alguns exemplos para ilustrar de que maneira um tutorial bem-feito pode ultrapassar essa postura ao se utilizar das possibilidades permutacionais. No tutorial do programa de autoria *Toolbook*, por exemplo, o leitor tem a possibilidade de seguir os exercícios passo a passo, do básico ao mais complexo. Caso já esteja familiarizado com os recursos de uma antiga versão e queira apenas ser introduzido aos novos recursos, ele poderá ir direto ao capítulo dois, que trata especificamente das inovações. Ao finalizar sua pesquisa, o leitor tem a possibilidade de gravar o ponto em que parou. Esse tipo de recurso cria um *bookmark*, correspondente a uma marca de livro. Na próxima vez em que recarregar o tutorial, um quadro de aviso aparecerá para perguntar se deseja retomar o ponto onde interrompeu ou se deseja começar do "zero".[19]

O tutorial "*Learning Toolbok*" foi concebido de uma forma didática e montado em blocos de exercícios. Caso o leitor opte por ir avançando de uma forma progressiva pelas diversas lições, é possível também executar as tarefas correspondentes. Por exemplo, no tópico sobre *hotword*, primeiro é apresentada uma definição explicativa sobre o termo, depois o próprio programa ensina como criar uma *hotword*, e em seguida o leitor pode tentar executá-la. O mesmo acontece em todos os capítulos. O tutorial se utiliza de um outro recurso para auxiliar a orientação do leitor. É o item denominado "mapa" (*map*). Caso o leitor escolha esse tópico, ele terá à sua disposição uma lista com as lições por capítulos. Além disso, o "mapa" registra com um sinal à direita os exercícios que já tenham sido executados pelo usuário. Mesmo no caso de uma segunda visita ao tutorial, o leitor pode facilmente localizar o item que deseja pesquisar, bem como fazer uma revisão das lições aprendidas.

O CD-ROM *Fotografio para recordar*, de Pedro Meyer, um belo e poético trabalho em multimídia, oferece um baixo nível de potencial

---

18) Ver endereços no *Índice dos* sites *citados*.

19) Em geral, quando o leitor deseja recomeçar do início, deve clicar sobre o termo *reset*, que volta o programa ao ponto "zero".

interativo. Nesse caso, temos um álbum eletrônico, no qual fotografias de família são mostradas de uma forma linear, ao som da narração do próprio artista. Através de sua voz, carregada de emoção, vamos acompanhando os eventos que mais marcaram sua vida. Assim, podemos nos sentar confortavelmente diante do computador e "assistir" à sucessão de fotos.

O pensador francês Raymond Bellour (1995:21-32), em um artigo sobre cinema e hipnose, faz uma apropriação dos estudos de Daniel Stern (1992) sobre o recém-nascido. Segundo Stern, nos primeiros meses de vida, o recém-nascido está no mundo numa postura de espectador atento. Da mesma forma que ocorre com o bebê, diante de uma tela de cinema, entramos num estado de atenção imóvel e um mundo vai sendo descoberto e conhecido.

É isso que nos pede Pedro Meyer: uma disposição para conhecer uma vida, uma voz, semblantes e momentos. É realmente maravilhoso que exista também em multimídia títulos que nos levem a ter essa experiência estética, que nos levem a um estado de *epockê*, em que o mundo é colocado entre parênteses. Devido à sua concepção hipertextual, o exemplo de Meyer também apresenta características de um sistema de centros móveis. Isto porque o aplicativo se abre para outras leituras, para outros centros que cintilam paralelamente. E, se numa fita de vídeo, os recursos de marcação de pontos para um possível retorno são rudimentares, o aplicativo *Fotografio para recordar* traz consigo a inovação de um mapa de imagens, permitindo uma marcação iconizada do relato.

Existem belos e funcionais exemplos de títulos em multimídia sobre arte. Em minhas investigações, procurei distinguir três características básicas e comumente encontradas nessa categoria: a primeira diz respeito à visualização da obra, à qualidade das imagens, à resolução gráfica, à presença de recursos como *zoom in* e *zoom out*. Além disso, em segundo lugar, saliento a importância de uma sinalização que indique a obra em escala, proporcional à estatura humana. Em terceiro lugar, a possibilidade de se conhecer a obra em exposição, isto é, conhecer o espaço que ela ocupa em um determinado museu ou mesmo durante uma exposição temporária. Analisando o primeiro item, sabe-se que a qualidade da resolução gráfica, bem como o número de cores são fatores determinantes para uma boa visualização da obra. Porém, o projeto de autoria deve considerar os padrões presentes na média dos equipamentos para a visualização. De nada adianta uma resolução espetacular, se o usuário não tem o monitor e a placa de vídeo correspondentes. Mesmo no caso de *sites* na Internet. Tive a oportunidade de visitar alguns maravilhosos, repletos de imagens e vídeos. No entanto, como a transmissão de imagens pode ser um processo muito lento ainda hoje, esse tipo de *site* requer uma grande dose de paciência do usuário. O *zoom* é um recurso bastante útil para a visualização de detalhes, tais como pinceladas, ornamentos, sombras, etc. Obras grandes, trípticos e murais podem ser melhor apreendidos se o leitor passar do *zoom in* ao *zoom out* em movimentos alternados. Dessa forma, é possível conhecer o trabalho como um todo, bem como saborear pequenas partes. Outro tópico apontado, a sinalização da obra em escala é bastante importante. Muitos aplicativos esquecem de incluir essa referência, o que é imperdoável, já que uma imagem não pode ser apreciada em sua plenitude se a dimensão que ela ocupa no espaço não for evidente. Por um lado, a digitalização de uma pintura por si só já é uma reinterpretação da mesma. No entanto, é importante lembrar que nesse tipo de aplicativo, cuja função essencial é a pesquisa e o contato com obras de mestres famosos, a ausência da escala favorece ainda mais essa transcodificação, podendo até levar a interpretações da obra de um modo equivocado. De certa forma isso já ocorria no caso dos livros impressos sobre arte. Muitas vezes o estudioso só tomava contato com uma obra através deles. No momento em que tinha diante de si a obra propriamente dita, a pessoa sentia um profundo estranhamento, pois não a imaginava naquela dimensão (ou maior ou menor). É importante enfatizar que o meio digital já favorece de uma forma bastante aguda essa desmaterialização. A indicação de uma escala torna-se, portanto, fundamental para um contato com a obra sem deturpações desnecessárias. Tanto no caso em que a obra pertence a um museu específico como quando a exposição é temporária, a possibilidade de se ter acesso à obra em exposição é bastante simpática e atraente à medida que propicia ao navegante uma visão da obra e o seu entorno. Ainda que não tenha visto casos de registros de instalações, me parece que o meio digital pode se apresentar como um suporte mais indicado para reproduzi-las. Finalmente, existem alguns exemplos extremamente didáticos, em que através de animações temos a visualização de elementos constitutivos da obra, tais como das linhas da composição, do jogo de luzes e cores, ou até mesmo uma reconstituição das etapas sucessivas de esboços e projetos pelos quais a obra passou.

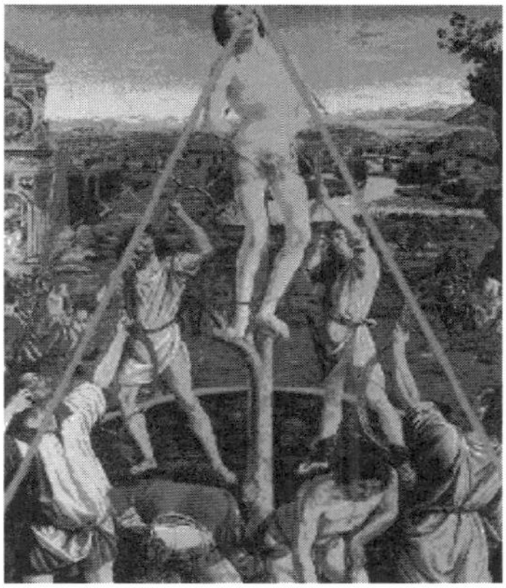

Figura 14
CD-ROM *Microsoft Art Gallery*. Fragmento da tela. Imagem com animação sobreposta explicando as linhas de composição da pintura.

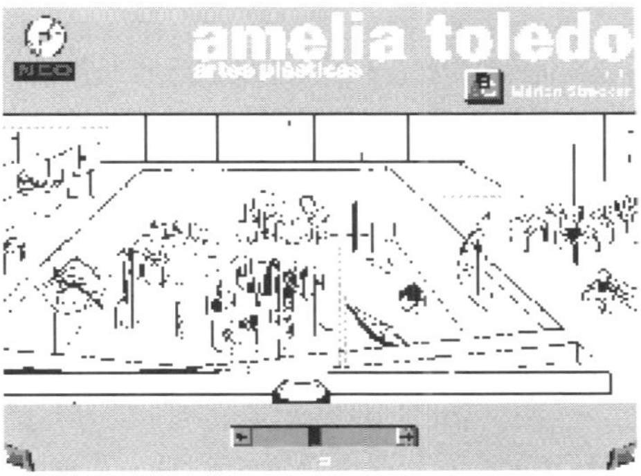

Figura 15
Neo-Interativa, revista em CD-ROM. Visão panorâmica da exposição de Amélia Toledo. Conforme o usuário passeia pelos desenhos do projeto, é possível "clicar" sobre um deles e "abrir" uma foto da obra. Além disso, a barra inferior permite que a imagem deslize para a esquerda e para a direita.

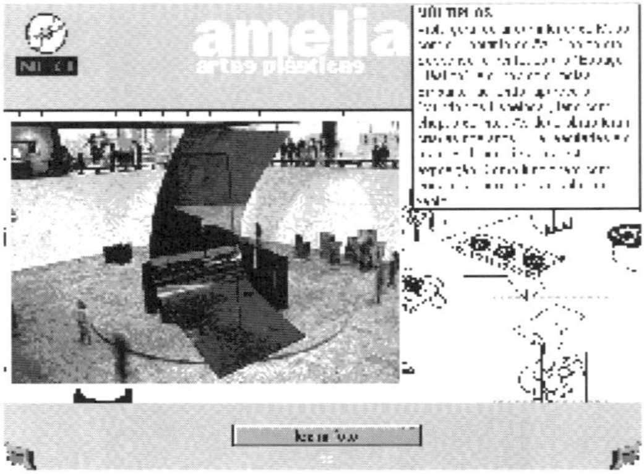

Figura 16
Neo-Interativa, revista em CD-ROM. Fotografia e trecho explicativo referentes à obra "clicada".

Com relação à WWW, é notável a crescente participação de artistas na rede, em *sites* de arte, quer seja expondo seus trabalhos, quer seja participando de *fórum* de discussões. Embora não se possa negar a importância e o alcance que redes como a Internet têm na difusão de obras de arte, aqui vale uma ressalva: muitos dos trabalhos apresentados na rede não foram criados especificamente para ela e, portanto, não utilizam os potenciais hipermidiáticos. Em outras palavras, são trabalhos que exploram apenas o aspecto de alta capacidade de comunicação da rede, esquecendo-se de outros extremamente revolucionários. O da não-linearidade, por exemplo. A rede tem suas características próprias e isto em si pode ser visto como um território novo, aberto à exploração. Os verdadeiros artistas sempre estiveram à frente de seu tempo, contribuindo com sua intuição criativa para o rompimento dos limites do senso comum. Como instaurador de *nonsense*, daquilo que leva as pessoas a sair de seu viciado modo de ver e perceber o mundo, o artista sempre buscou a "desestabilização" das convenções. John L. Casti (1995:IX), em seu livro sobre o pensamento complexo, *Complexification*, nos relata uma anedota sobre o "bom senso". Certa vez, o famoso entomologista e pai da sociobiologia Edward Wilson foi indagado se as formigas tinham "bom senso". Como resposta, Wilson afirmou que, se considerarmos por "bom senso" viver de acordo com uma série de regras sem se dar ao trabalho de examinar de perto o sentido que essas têm para nossas vidas, sim, pode-se afirmar que as formigas têm "bom senso". Aqui é importante observar algumas especificidades da língua inglesa. A palavra usada por Wilson, *common sense*, significa bom senso prático, adquirido por experiência de vida, não por estudos. Em português, existe uma diferença entre os termos "bom senso" e "senso comum". No primeiro caso estamos nos referindo à capacidade de um indivíduo ser ponderado; no segundo, estamos querendo dizer que a pessoa age de acordo com normas convencionalmente aceitas. No dicionário *Aurélio*, por exemplo, temos que "senso comum" é o conjunto de opiniões amplamente aceitas em épocas determinadas. Opiniões contrárias ao "senso comum" são consideradas aberrações individuais. Já o termo "bom senso" pode significar tanto a faculdade de discernir entre o verdadeiro e o falso como a aplicação correta da razão para julgar ou raciocinar em cada caso particular da vida.

Voltemos a falar a respeito da atuação de artistas na WWW. Por um lado, pode-se observar a utilização da WWW como catálogo de obras. Por outro, alguns artistas inovadores estão desenvolvendo trabalhos que são criados exclusivamente para estar *on line*. Esses trabalhos, hoje em dia denominados *web arte*, são exemplos vivos dos potenciais estéticos da hipermídia. Entre os projetos mais significativos que exploram o espaço telemático, pode-se citar: *FileRoom* de Muntadas, experiências com o corpo de Stelarc e telepresença de Eduardo Kac.

Além disso, a rede tem sido muito importante como espaço para discussão de questões a respeito de arte e tecnologia, hipermídia e "cibercultura". Só para citar alguns endereços que valem uma visita para os interessados nesses assuntos, temos[20]:

- *Leonardo*: a versão digital disponível na WWW é limitada, mas oferece alguns artigos importantes, bem como discussões, resenhas e críticas.
- *Postmodern Culture*: uma importante revista que discute assuntos-chave em arte e tecnologia. Lá, pode-se encontrar artigos de autores de peso como Gregory Ulmer.
- *Eastgate on the Web*: o endereço da empresa Eastgate Systems é básico para aqueles que se interessam por hipertexto. Inclui uma série de *hotlinks* para outros pontos da WWW.
- *The New River*: um jornal sobre artes e literatura em hipertexto. Seu editor é Edward Falco, autor de *Sea Island*.
- *The Blue Arm*: em sua *home page*, esse endereço se intitula

20) Ver os endereços correspondentes no *Índice dos* sites *citados*.

interessado em apresentar exclusivamente arte digital e ficção em hipertexto.

- *World 3*: além de incluir uma extensa lista de *sites* dedicados à arte digital, apresenta uma coletânea de trabalhos concebidos especialmente para a Web. O curador do *site* é Nick Routledge.

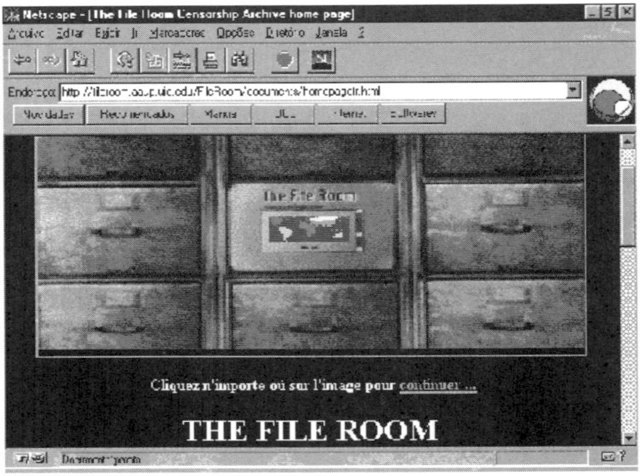

Figura 17
File Room, site na WWW do artista António Muntadas.

CAPÍTULO 2
A COMPLEXIDADE DA HIPERMÍDIA

Teoria dos sistemas

Neste capítulo, o desafio é penetrar no estudo dos sistemas complexos para compreender melhor a hipermídia. Já vimos que a hipermídia é uma tecnologia que permite escrita e leitura não-linear, o que favorece o desenvolvimento de um pensamento complexo. No entanto, não se pode negar que muitos dos aplicativos existentes em CD-ROM sejam meras reproduções de material impresso anteriormente na forma linear e, dessa forma, não exploram os potenciais de interatividade e não-linearidade do sistema. Nesse caso, pode-se dizer que houve uma redução de complexidade. Para compreender a teoria da complexidade, é necessário, primeiro, uma introdução ao conceito de sistemas e de não-linearidade.

Considera-se sistema, segundo Hirsch (1985:189-192), qualquer objeto de estudo composto por mais de uma parte, e que respeite a condição de que haja interação entre essas partes. Em outras palavras, a princípio, o estudo dos sistemas é uma tentativa de se tentar compreender o relacionamento entre elementos interativos. Sistemas dinâmicos, por sua vez, são aqueles que têm seu estado alterado com o tempo. Considera-se que o que muda e se transforma nos sistemas dinâmicos é o seu estado, ou seja, o relacionamento entre as partes do sistema.

Um sistema pode ser modelado. Teoricamente, pode-se criar um modelo que reduplique as condições e o comportamento do sistema original. Entre os estudos de modelagem matemática, por exemplo, busca-se a descrição dos sistemas para uma maior compreensão dos mesmos. Diz-se também que estamos diante de um sistema linear, se a equação resultante da modelagem for uma linha reta. E aqui vale uma ressalva: devido às imposições do método científico clássico, muitos sistemas eram, até pouco tempo atrás, analisados como se fossem lineares, quando, na verdade, a solução linear era apenas o resultado de uma aproximação. Ou seja, o que costumava acontecer é que informações não-lineares eram transformadas em lineares para fins de análise, dentro de uma metodologia reducionista. Os sistemas lineares são previsíveis. Mas, quando se procurava ver os resultados práticos de tal modelagem, percebia-se que as coisas nunca funcionavam como previsto. Entre exemplos bastante conhecidos, podemos citar os atrasos de um vôo, as previsões meteorológicas ou mesmo as reações que um determinado remédio pode causar em pessoas diferentes. A ciência clássica costumava evitar discutir essas questões e, quando um estudo qualquer tinha por resultado algo estranho ou imprevisto, dizia-se que houve um erro no experimento, ou então um ruído.

O grande matemático Jules Henri Poincaré (1854-1912), na passagem do século, já havia advertido quanto aos perigos dos arredondamentos numéricos. Poincaré foi revisto na década de sessenta a partir das constatações do meteorologista e matemático Lorenz. Segundo Poincaré, desconsiderar decimais ou uma pequena imprecisão pode levar a um resultado totalmente catastrófico e imprevisível.

Lorenz realizou uma experiência bastante simples, na qual alimentava um computador com dados aproximados. Como resultado de suas imprecisões, Lorenz pôde ver que os traçados gráficos iam se diferenciando a ponto de, num certo momento, estarem bastante distantes um do outro. Esse e outros experimentos vieram dar provas de que as imprecisões, os ruídos, podiam levar a resultados totalmente inesperados. Quando se trata de equações não-lineares, a complexidade aumenta bastante e o número de variáveis tende ao infinito.

O pensamento não-linear compreende as questões dentro do conceito de sistemas, isto é, dentro de relações de troca e mútua determinação. O já famoso "efeito borboleta", descrito por Lorenz, nos faz ver que o simples bater de asas de uma borboleta no rio Amazonas pode interferir no clima de um local distante como o Texas. Isso se dá devido à dependência às condições iniciais, dentro do princípio de rede, ou cadeia de acontecimentos, como um efeito de cascata ou bola de neve. Porém, e mais importante que tudo, essa afirmação de Lorenz não deve ser compreendida como uma afirmação determinista. Ou seja, não existe uma cadeia linear de causa e efeito. Se o clima nos Estados Unidos mudasse repentinamente e surgisse um tornado terrível, isso teria sido resultado de complexos processos não-lineares. Na Teoria do Caos, as determinações não estão excluídas, mas elas se entrelaçam num complexo tecido multidimensional.

Discussão sobre a não-linearidade

O conceito de não-linearidade deriva da matemática e tem sido empregado de uma forma bastante freqüente, quando se fala de sistemas complexos dinâmicos. Hoje está totalmente fora de contexto alguém pensar que o todo é uma simples soma de suas partes. A ecologia e várias outras ciências já provaram que esse tipo de raciocínio linear não coaduna com a complexidade das relações dos sistemas envolvidos. Mesmo no caso da nossa mente, sabe-se que ela é governada por dinâmicas não-lineares de um complexo sistema que forma a rede neuronal e que percorre o nosso cérebro e o corpo como um todo.[1]

O físico William Poundstone (1988:253-256) nos oferece um ótimo exemplo das dificuldades em se prever um acontecimento, devido a esses fatores não-lineares. Assopre uma bexiga e quando e a estiver num bom tamanho, sem amarrá-la, solte-a. Ele pergunta: "É possível prever o comportamento da bola, descrever a trajetória que ela irá desenhar no espaço?". Mesmo com os mais avançados equipamentos, a resposta é não. Estamos, neste caso, lidando com sistemas complexos caóticos, nos quais o número de variáveis é imponderável e as condições iniciais imensuráveis.

O mesmo acontece quando se cria um aplicativo em hipermídia. É impossível prever as escolhas que o usuário irá efetuar, cabendo ao artista ou diagramador do projeto a função de traçar caminhos permutacionais, criar portas e pontes de acesso. No caso das visitas à Web também: o usuário percorre os nós da rede de uma forma totalmente imprevisível, muitas vezes até para ele próprio. São tantos os fatores que interferem no caminho a ser percorrido na Net, que pode-se afirmar que estamos também diante de uma hipercomplexidade. Vejamos um caso hipotético: o usuário inicia sua pesquisa na Internet interessado em arte eletrônica. Através de um programa de *search* ele recebe uma lista com *sites* relacionados. No primeiro *site* que lhe parece ser interessante, ele "clica", mas a página

1) Ver mais discussões sobre o cérebro humano no item *A organização da complexidade*, deste mesmo capítulo.

demora muito para "carregar", e ele, cansado de esperar, desiste e vai para outro. No segundo, fica sabendo de um festival em Munique e resolve ir "dar uma espiada". Lá, encontra um trabalho interessante de um certo engenheiro e, então, vai para a *home page* do engenheiro, onde uma série de outros engenheiros discutem dificuldades técnicas de *hardware* em robótica. Mais uma vez, o sistema fica lento e ele volta para o programa de *search*. Passado um tempo, já meio decepcionado com a quantidade de *sites* vazios e em construção, acaba num *site* de notícias. Ao desligar o computador, ele não sabia mais o que estava procurando no início. Enfim, foram tantos os fatores que influenciaram o percurso desse nosso personagem, que a questão da previsibilidade dos caminhos a serem tomados se rende à complexidade dos sistemas não-lineares.

Mas, enfim, o que é um sistema complexo não-linear? Sabe-se que o conceito de linearidade associa-se a uma equação algébrica de primeiro grau, do tipo:

$$ax + by + c = 0$$
$$y = ax + b$$

Isto é, para toda equação de primeiro grau, temos como representação geométrica uma linha reta. Os sistemas não-lineares, por sua vez, compreendem equações não-lineares, são extremamente complexos e de solução bastante difícil. Não são proporcionais e não podem ser simplesmente somados uns aos outros.

A equação de Navier-Stokes, sobre dinâmica dos fluidos é, à primeira vista, bastante simples: relaciona velocidade, pressão, densidade e viscosidade do fluido. No entanto, trata-se de um sistema não-linear. Assim, nas palavras de Gleick:

> Analisar o comportamento de uma equação não-linear como a de Navier-Stokes é como caminhar por um labirinto cujas paredes modificam sua disposição a cada passo que damos. (1990:21)

Jorge Luiz Borges (1989) já havia falado da complexidade desse labirinto em seu famoso texto "Os dois reis e os dois labirintos". Enquanto o labirinto do rei da Babilônia foi construído por reis e magos e era repleto de escadas, portas e muros, o labirinto do rei dos árabes era o deserto. Lá não havia portas, nem escadas, nem mesmo muros que impedissem os passos. E assim, o rei da Babilônia encontra seu fim trágico e morre.

No campo da teoria literária, Aarseth (1993:51) define texto não-linear como um objeto de comunicação verbal que não é apenas uma seqüência fixa de letras e palavras, mas no qual a ordem de leitura pode diferir de um leitor para outro. E complementa, mais à frente, dizendo que a diferença fundamental entre um texto linear e um não-linear é que o segundo não apresenta uma seqüência fixa em sua estrutura formal, mas, ao contrário, através de um "agenciamento cibernético (o usuário, o texto ou ambos)" favorece a "emergência de uma seqüência arbitrária" (Aarseth, 1993:61). Em geral, esse tipo de texto oferece mecanismos de acesso ao seu tecido que não só os tradicionais inícios de capítulo e parágrafo. O conceito de não-linearidade utilizado por Aarseth deriva da topologia. Em seu estudo, Aarseth pretende verificar as maneiras pelas quais várias seções de um texto estão conectadas, independente do meio físico através do qual o texto é transmitido (Aarseth, 1993:60).

Embora a hipermídia represente uma inovação importante na aquisição e organização do conhecimento, não se pode deixar de mencionar que sempre existiu uma tradição não-linear na literatura. Autores como Cortazar, Sterne e Calvino já produziram trabalhos que favoreciam esse tipo de leitura.[2] O clássico livro de sabedoria chinês, *I Ching: livro das mutações*, um dos mais antigos da humanidade, é totalmente escrito e concebido segundo princípios de combinações binárias. O *I Ching* é composto por uma série de sessenta e quatro hexagramas. Esses hexagramas são formados a partir da combinação de seis linhas que podem ser de duas maneiras: interrompidas ou cheias. O interessante é notar que esse tratado, construído com mecanismos de acesso não-linear, é um dos mais populares livros de todos os tempos. O *I Ching* não é um livro para ser lido do começo ao fim, seguindo uma ordem linear e contínua. Sua estrutura aberta permite que os hexagramas sejam lidos isoladamente ou em conjunto, conforme o desejo do leitor. Este livro de sabedoria possibilita, ao indivíduo que o consultar como um oráculo, leituras "polifônicas" (Bakhtin, 1981), múltiplas, individuais (pois o indivíduo o interpreta de acordo com sua situação), plurais (pois um mesmo dizer pode significar muitas coisas diferentes). Isso significa que uma mesma pessoa, ao procurar o *I Ching* em momentos diferentes de sua vida, interpretará o enunciado do hexagrama de maneiras diversas. Além desses exemplos literários,

2) Como exemplos de literatura não-linear podemos citar: Laurence Sterne, *A vida e as opiniões de Tristran Shandy*; Julio Cortazar, *O jogo de amarelinha*; Ítalo Calvino, *O castelo dos destinos cruzados*, entre outros.

cabe lembrar que há séculos os escritores se utilizam de recursos como índices, notas de rodapé, referências cruzadas, com o objetivo de oferecer uma maior maleabilidade à escrita. Sabe-se que o ato de atribuir sentido deriva de operações associativas que o leitor estabelece na leitura. Por esse motivo, diferentes leitores atribuem diferentes sentidos a um mesmo texto. O que determina o sentido apreendido na leitura é a rede semiótica do interpretante.[3]

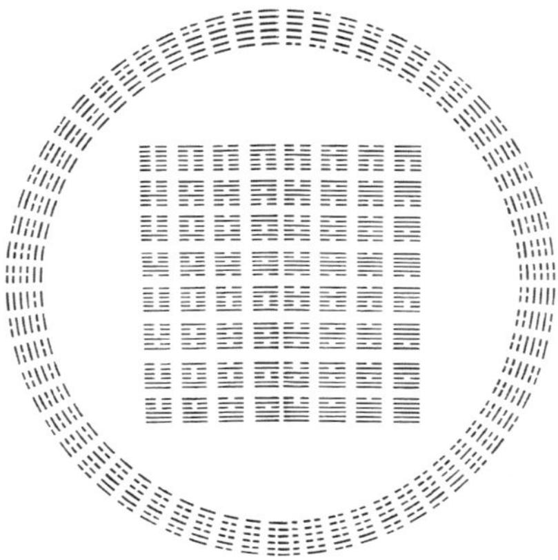

Figura 18
Os sessenta e quatro hexagramas do *I Ching.*

Pode-se observar que existe um salto qualitativo de complexidade quando um trabalho hipertextual abandona o paradigma de livro eletrônico e assume o de rede interconectada. Como se pode ver nos diagramas a seguir, a construção fundada a partir dos princípios do livro eletrônico repete o sistema do livro impresso e cria uma estrutura arborescente. Neste caso, o texto central funciona como caule. Os anexos (notas de rodapé, itens de glossário, indicações bibliográficas, etc.) estão subordinados a esse corpo, tal como estariam os galhos de

---

3) O conceito de interpretante não se confunde com o de intérprete. Eco (71:115) afirma que o interpretante é aquilo que garante a validade do signo, mesmo na ausência do intérprete ou, ainda, que o interpretante pode ser concebido como uma outra representação referente a um mesmo objeto. Em outras palavras, a própria trama das semioses pode ser compreendida como rede hipertextual.

uma árvore. No hipertexto construído sob o paradigma de rede, as interconexões criam uma malha bem mais reticulada e complexa. Nesse modelo, "qualquer ponto do rizoma pode se conectar com qualquer outro e deve sê-lo" (Deleuze e Guattari, 1995:15).

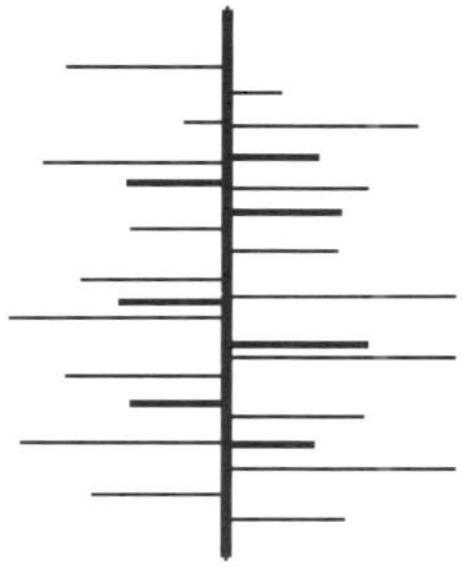

Figura 19
Diagrama da estrutura arborescente baseada no paradigma do livro acadêmico. Pode-se ver que existe um corpo central e diversos outros pontos subordinados. Este é o modelo que deriva de construções tradicionais, nas quais se tem como acessórios notas de rodapé, itens de glossário, indicações bibliográficas, etc.

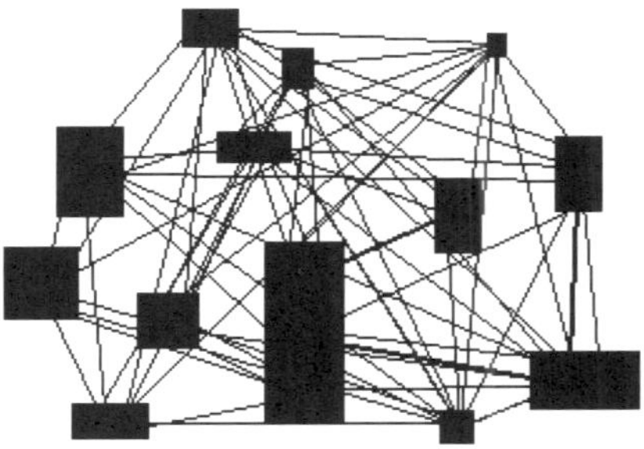

Figura 20
Representação da estrutura de rede. Como todos os pontos se interconectam, pode-se perguntar: Em que ponto o texto inicia? Existe uma ordem "certa" de leitura? Onde o texto acaba? Quais são os limites do texto?

Se a não-linearidade, em si, não representa inovação alguma, como localizar o hipertexto em relação a ela? Aarseth (1993:69) afirma que a principal característica do hipertexto, em relação aos trabalhos literários anteriores, é que essa nova tecnologia permite o *jump*, o salto. Este salto, por sua vez, acaba por acarretar duas outras conseqüências importantes: primeiro, favorece um tipo de leitura descontínua; segundo, cria aquilo que Aarseth (1993:69) denominou *sudden displacement*, ou seja, promove um deslocamento quase que instantâneo. Assim, à medida que possibilita ligações rápidas a diversas redes associativas, o hipertexto se apresenta como um meio de compartilhamento de redes de relações, incitando conexões e o "formigar de sentidos", como diria Lévy (1993:72). No hipertexto, ativa-se o acesso a informações conectadas apenas com um "clique" no *mouse*. Em muitos programas de autoria, a palavra de cor destacada, ou *hotword*, funciona como um botão que envia à máquina um comando para apresentar uma outra página do aplicativo. É inegável o quanto o potencial de leitura se enriquece, favorecendo uma atitude de pesquisa e descoberta. Em termos de aquisição de conhecimento, pode-se, por exemplo, recordar ou mesmo aprender algo sobre a Revolução Russa enquanto se está percorrendo o aplicativo *Eisenstein Multimídia*. Muitas vezes o interesse ou curiosidade que surge numa leitura em material impresso é deixado de lado devido à falta de tempo ou até mesmo por não se ter um material de referência disponível.

O tecido da complexidade

Complexidade, no sentido descrito por Morin (1991:17), refere-se àquilo que é "tecido em conjunto". Na mitologia, temos a imagem das Moiras, divindades lunares, como as tecelãs do destino. As Moiras, também denominadas Parcas, na tradição romana, são extremamente ambíguas. Por um lado, são elas que criam o fio e os laços, sendo, portanto, a imagem daquelas que ligam (associar aos elos do hipertexto). No seu lado mais sombrio, temos a imagem daquela que corta, da que possui a tesoura. A fiandeira, senhora dos ritmos e dos movimentos circulares, é descrita por Porfírio como sendo a senhora da Lua. A importância temporal dessas imagens é bastante forte: "começar" o tecido é dispor os fios em cadeia para se esboçar uma trama. Dentro desse raciocínio, o tecido se forma a partir de fios que se ligam, se amarram. Para muitos estudiosos, o tecido é uma imagem de continuidade e se opõe à descontinuidade, ao rasgo. Ao estudarmos a imagem mítica, vemos que ela é bem mais complexa, pois agrupa em si o contínuo e o descontínuo. A idéia das tecelãs do destino incorpora numa mesma tríade o fio e a tesoura; a criação e a morte; a continuidade e o fim.

As Moiras eram três no imaginário grego: Cloto (Klotho); Láquesis (Lákhesis); e Átropos (Átrophos). Cloto é aquela que fia, fiandeira que segura o fuso e puxa o fio da vida. Láquesis é a que mede, que dá a medida, que delimita os pontos, que determina o tamanho do fio, enfim, a que pronuncia a sentença de cortar. Átropos é a que não volta atrás, a inflexível, cuja função é usar a tesoura e cortar sem dó.

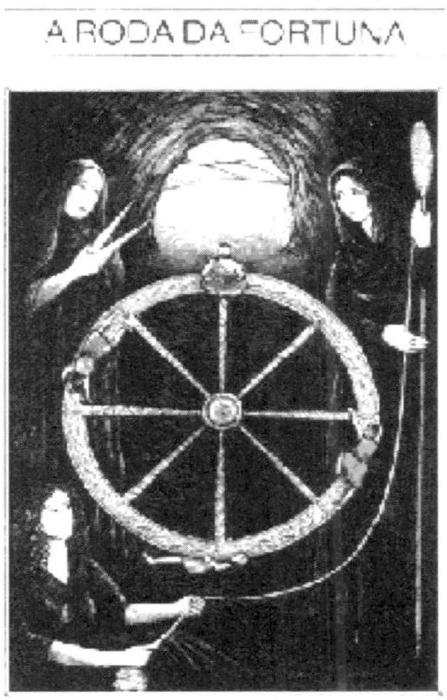

Figura 21
Três Moiras na carta do Tarô, *A Roda da Fortuna*.

Um estudioso do imaginário, Gilbert Durand (1989:220-221), relaciona o tecido ao simbolismo do ciclo e do devir; simultaneamente movimento contínuo e movimento alternado:

> Não devemos esquecer que o movimento circular contínuo

> do fuso é engendrado pelo movimento alternativo e rítmico produzido por um arco ou pelo pedal da roda. (Durand, 1989:220)

No Islã, tecer simboliza os movimentos e a estrutura do universo:

> O trabalho de tecelagem é um trabalho de criação, um parto. Quando o tecido está pronto, o tecelão corta os fios que o prendem ao tear e, ao fazê-lo, pronuncia a fórmula de benção que diz a parteira ao cortar o cordão umbilical do recém-nascido. (Chevalier, 1988:872)

Mircea Eliade nos conta como a lua e os símbolos lunares se encontram entrelaçados com a imagem da criação enquanto teia, enquanto rede tecida:

> A Lua "liga" conjuntamente, pelo seu modo de ser, uma multiplicidade imensa de realidades e de destinos. Harmonias, simetrias, assimilações, participações, coordenadas pelos ritmos lunares, constituem um "tecido" sem fim, uma "rede" de fios invisíveis, que "liga", ao mesmo tempo, homens, chuvas, vegetações, fecundidades, saúde, animais, morte, regeneração, vida *post mortem*, etc (...) Todavia, pelo simples fato de que é senhora de todas as coisas vivas e guia certa dos mortos, a Lua "teceu" todos os destinos. Não é em vão que ela é concebida nos mitos como uma enorme aranha-imagem que encontramos em muitos povos. Tecer não significa somente predestinar (no plano antropológico) e reunir simultaneamente realidades diferentes (no plano cosmológico), mas também criar, fazer sair da sua própria substância, como o faz a aranha, que urde, ela própria, a sua teia. (Eliade, 1970:222-224)

No caso da hipermídia, o que define a trama do tecido *complexus* é que este se forma através de um jogo circular onde os binômios ordem/desordem, acaso/determinação, interação/retroação se conjugam de forma infinita e simultânea. Cada nó da rede, cada *home page*, cada página de um CD-ROM devem ser concebidos a partir dos princípios de clareza, coerência, rigor, ordem, precisão. Dessa forma, a simplicidade e a clareza são elementos constitutivos, pontes de passagem para uma complexidade maior. Um sistema hipermidiático tem como fundamento a articulação, a organização da complexidade. Podemos dizer que a hipermídia só se realiza quando ocorrem interações entre os pares complementares. Isto é:

- Só há ordem complexa nos sistemas hipermidiáticos se existir a conjunção entre desordem e ordem;
- A complexidade só se viabiliza se existir simplicidade;
- As escolhas aleatórias do interagente só funcionam se o sistema tiver sido previamente programado, determinando possíveis ligações a pontos específicos;
- As buscas e pesquisas não-seqüenciais só são possíveis porque houve um trabalho prévio, necessariamente seqüencial;
- O percurso livre, criativo e fluido também. Rigor e exatidão no respeito a normas rígidas foram necessários;
- A elasticidade dos sistemas hipertextuais, sua capacidade de expansão e retração está diretamente ligada a uma construção em blocos sintéticos, firmes e sólidos;
- E, finalmente, uma característica bastante óbvia: o usuário só pode exercer sua mobilidade virtual entre os diversos *sites* se existir uma imobilidade no ato de estar sentado diante de uma máquina.

Enfim, é na complementariedade organizacional entre ordem/desordem, simples/complexo, álea/determinismo, seqüencial/não-seqüencial, rigor/liberdade, solidez/elasticidade, mobilidade/imobilidade que vislumbramos a dimensão da complexidade que a hipermídia viabiliza.

Os sistemas hipermidiáticos oferecem o suporte maleável e multidimensional mais adequado para exprimir o pensamento em sua complexidade do que os meios que dispúnhamos anteriormente, a oralidade e a escrita. Sabe-se que a mente humana não segue uma linha de raciocínio linear, tal qual o suporte impresso nos exige assumir. Mesmo a oralidade nos limita a uma só voz que, também, obrigatoriamente, segue no seu narrar. A complexidade dos processos mentais e corporais (pois, conforme Varela, 1996, em *The embodied mind*[4], não podemos ver mente e corpo como dois pólos distantes, mas sim dentro de uma rede complexa de articulações e *e-nactions*) tem agora a possibilidade de ser expressa em um espaço multidimensional.

Um dos limites impostos pela escrita (quer seja ela em barro, papiro ou papel) é que ela promove uma fixação estável do pensamento. Com os computadores, estamos vivendo um outro tipo de experiência, a da ilimitada mutabilidade. O texto processado via microcomputador pode ser reorganizado infinitamente. Já não temos

4) *A mente incorporada.*

mais nem mesmo as marcas das correções. O CD-ROM, nesse sentido, retoma os limites anteriores. Ao ser impresso, o CD-ROM retoma essa fixação, essa permanência a que estávamos acostumados anteriormente. Millares (1997:39) observou essa questão e afirmou que o CD-ROM é um híbrido: por um lado dialoga e se utiliza da memória fluida, ágil e reativa do computador. Por outro, é construído sobre um suporte rígido, fixo e estável, tão tradicional como a gravura ou mesmo o livro. "Possuímos um CD, tal como possuímos um quadro ou uma enciclopédia e (...) o CD-ROM nos 'salva' da atual inquietude provocada pela 'mobilidade incessante' e da imaterialidade obsessiva das redes telemáticas." (Millares, 1997:39). Façamos algumas ressalvas a essa afirmação. A hipermídia é uma tecnologia que só ganha existência, isto é, só é operacionalizável a partir de uma interface *on-line* com o computador. Ou seja, o fato de possuir um CD-ROM é algo distinto de possuir um livro. A experiência hipertextual exige o elemento "computador" para acontecer. É uma experiência que só é possível "via máquina". Vale lembrar que, quando imprimimos um trecho extraído de um documento hipertextual, a rigor, o que temos em mãos não é mais um "hiperdocumento".

O pensamento paradoxal

Durante anos os paradoxos foram excluídos do pensamento científico e eram vistos como fonte de confusão e erro. No entanto, é fundamental para a compreensão dos sistemas complexos que o paradoxo seja incorporado às pesquisas. A negação do lado paradoxal, presente em vários fenômenos, faz com que as pessoas fiquem procurando algo verdadeiro e definitivo, algo que seja efetivamente certo ou errado. O pensamento paradoxal, por sua vez, propõe a investigação dos aspectos contraditórios, dinâmicos, fluidos e incertos. A verificação e a aceitação dos paradoxos, nos mais simples fenômenos em que eles ocorrem, revelam a dimensão da complexidade desses mesmos fenômenos.

Como exemplo de pensamento que incorpora o paradoxo na ciência, pode-se citar Russell, Gödel ou Cantor, os quais, matematicamente, criaram teoremas de impossível resolução, que transgridem o princípio da não-contradição da lógica clássica.

Um dos mais famosos paradoxos da antigüidade, o paradoxo da mentira, foi criado por Eubulides (Grécia IV a.C.). Costuma-se atribuir esse paradoxo a Epimenides, quando, na realidade, este seria apenas o nome do narrador fictício criado pelo próprio Eubelides (Poundstone, 1988:10). Conta-se que Epimenides, originário de Creta, havia dito: "Todos os cretenses são mentirosos". Organizando esse dizer em premissas, conforme nos ensina a lógica clássica, teríamos:

> Premissa **A**: Todos os cretenses são mentirosos.
> Premissa **B**: A premissa **A** é verdadeira.

Um exame atento dessas premissas nos leva a um impasse. Se consideramos a premissa **A** verdadeira, isto significa que os cretenses são mentirosos. No entanto, quem está afirmando isso é um cretense. Já sabemos que os cretenses são mentirosos! Podemos, então, nos perguntar como um cretense está falando algo verdadeiro, já que ele é um mentiroso. O que nos leva, necessariamente, a uma premissa **não-A**. Isto é, se **A** é verdadeiro, logo, **B** é mentira e inclui o **não-B**. Esse paradoxo, transgressor do princípio da não-contradição da lógica aristotélica, revela que os antigos já conheciam a complexidade. Esta premissa viola o princípio lógico básico, no qual existe uma dicotomia que separa o que é verdadeiro do que é falso, pois se assumirmos que a premissa **A** é verdadeira, isso implica que Epimenides, o cretense, está mentindo e então a premissa **A** é falsa e vice-versa. Uma outra versão diz:

> **1**. A sentença seguinte é falsa.
> **2**. A sentença anterior é verdadeira.

Quando examinamos essas sentenças em conjunto, elas nos levam a um ponto denominado por Hofstadter (1989:15-21) como "laçada singular" (*strange loopiness*), pois a mente se movimenta de uma sentença para outra num processo sem fim, impossível dentro de uma lógica da não-contradição. Como já foi dito em outro momento, a hipermídia permite e favorece o surgimento de paradoxos.[5]

---

5) Ver o item *Preliminares* deste livro.

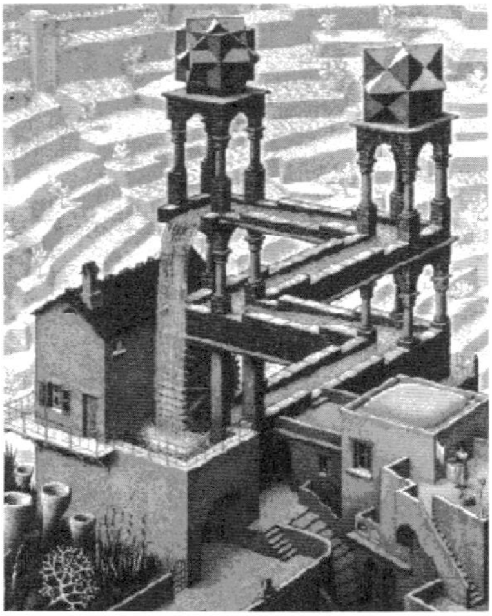

Figura 22
Os paradoxos nos levam a um impasse e a nossa mente se movimenta de uma sentença para outra num processo sem fim. A litografia de Escher, *Waterfall*, 1961, com sua cachoeira que sobe e desce num movimento cíclico e sem fim, representa muito bem esse círculo vicioso ou, *strange loopiness*, como disse Hofstadter.

A teoria das organizações acentradas

Durante anos, vivemos, organizamos nossos pensamentos e apresentamos nossas idéias a partir de um paradigma hierarquizante e centralizado. O centro, figura geométrica, simbólica e mítica, imperou por tanto tempo na mentalidade humana que fica difícil pensar em outra estrutura que não seja algo dotado de um centro norteador.

A teoria das organizações acentradas surgiu recentemente como foco de questionamentos advindos de disciplinas diversas. Autores como John Von Neumann (1903-57, autômatos celulares), Minsky (sociedade de mentes), Morin e muitos outros organizam suas pesquisas a partir de um paradigma acentrado.

Segundo Petitot (1988), o centro, enquanto arquétipo, se encontra tão enraizado e infiltrado em nossa linguagem e em nosso pensamento que fica difícil evitar a anedota: "A questão do acentrado se tornou o centro da reflexão contemporânea" (Petitot, 1988:341). Conforme seu artigo, "Centrado/acentrado", a noção de centro se relaciona com a tradição do onisciente, do idêntico, do unívoco. O acentrismo, por sua vez, compartilha do mesmo território do equívoco, do errático, do disseminado, do parcial, do local, do marginal e do excêntrico.

Seguindo a imagem do centro, passamos a refletir sobre o círculo. Em se tratando de geometria, o círculo é a região do plano delimitada por uma circunferência. Esta, por sua vez, é o lugar geométrico dos pontos de um plano eqüidistantes a um ponto fixo, isto é, do centro. Os sistemas totalitários, de uma forma geral, adotaram o esquema do centro. Vejamos o diagrama a seguir:

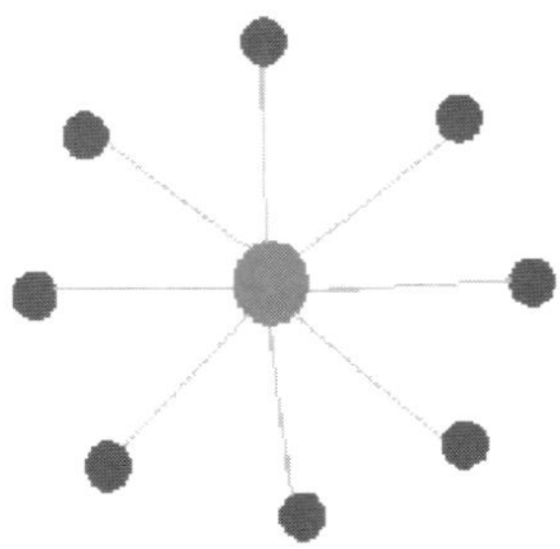

Figura 23
Diagrama de uma organização centrada. O centro é o órgão de decisão e os pontos da periferia são órgãos subordinados.

O símbolo do centro, conforme nos relata Eliade (1988:32), está presente em várias culturas e relaciona-se à zona do sagrado, à realidade absoluta. Muitas vezes associa-se à idéia de montanha sagrada, território em que se encontram o céu e a terra. Em quase todas as mitologias primitivas, o centro é um local de difícil acesso e exige do fiel uma peregrinação árdua, cheia de perigos. Assim, o centro, como imagem mítica, pode ser resgatado para um contraponto com as atividades de navegação do internauta. Nesse sentido, não estou me referindo a um centro de poder ou a uma visão hierarquizante, mas sim a um objetivo que o pesquisador lutou para alcançar. A partir de uma metodologia simultaneamente acentrada e policêntrica, o viajante do ciberespaço traça seu mapa de domínio de uma forma mais fluida e dinâmica, sem se fixar em um centro único, como faria um pesquisador de postura centrada. Mesmo assim, o nosso herói precisa passar por vários ritos de passagem. Após cada conquista, diversos centros simbólicos, pontos de consagração resultantes de um longo trabalho, cintilam na constelação. Vemos então que, para o pesquisador da era nômade digital, não basta uma única expedição do Velocino de Ouro. Para o nômade, são necessárias diversas jornadas. Se Jasão ficar satisfeito após sua conquista, isso será uma quimera. Pois o Carneiro estava lá, como uma prova importante, mas uma única vitória não faz o herói da "era policêntrica".

Calabrese (1988:62) comenta que o labirinto trabalha os limites, as proporções e os excessos. No caso dos sistemas "substancialmente fechados", pode-se falar de perímetro, pois existe um centro. Nos sistemas centrados, pode-se dizer que centro e meio são a mesma coisa. No entanto, nos sistemas acentrados, como a WWW, por exemplo, existem vários centros. O labirinto da Internet pode ser concebido como um jogo, em que diversos centros se entrelaçam. Cada página da rede é composta por palavras iluminadas que podem nos levar a outros centros, e estes a outros, e mais outros, infinitas vezes. Como Calabrese afirmou, esses centros passam a exercer pressão e chamam por outros pontos. Com isso, temos o alargamento de fronteiras, e conceitos como limites e perímetro se tornam problemáticos. Talvez, se aceitarmos o conceito de "perímetro elástico", fique mais clara a imagem deste sistema acentrado. Michael Joyce falou de "contorno" como sendo o "todo sensual" através do qual nós nos movemos no hipertexto. Segundo ele, os contornos são transitórios, evocáveis, múltiplos e geram estruturas impermanentes, mutáveis e inconstantes (Joyce, 1995:207). Esse caráter policêntrico da WWW nos faz lembrar de uma observação quanto à complexidade do labirinto feita pelo pensador Castoríades:

> A entrada do labirinto é imediatamente um dos seus centros, ou melhor, não sabemos mais se existe um centro, o que é um centro. De todos os lados, as galerias obscuras partem, emaranham-se com outras que vêm não se sabe de onde, que vão talvez a parte alguma. (Castoríades, 1987:7)

A organização da complexidade

Outro conceito bastante importante, quando se pensa nos labirintos da hipermídia, é a de organização, que se relaciona de uma forma intrínseca com a idéia de sistema. Cada ligação, cada elo hipermidiático, ao mesmo tempo que liga, transforma, transporta... Mais uma vez estamos lidando com um conceito extremamente denso. Em sua densidade podemos vislumbrar a ordem e a desordem. A organização, ao integrar em si a ordem e a desordem, vai se tornando mais e mais complexa. Esse fenômeno pode ser facilmente observado nos percursos da leitura hipertextual, supondo um leitor bastante ativo, que vá descrevendo movimentos bastante complexos ao ir saltando de um elo a outro na rede. Apesar dessa desordem de percurso, desse trajeto complicado, uma ordem oculta está presente. Essa ordem pode ser reencontrada através do comando *history*, que refaz sua trajetória.

Assim, as noções de organização e de complexidade dos sistemas representam momentos de um percurso circular infinito. Ou seja, para que a complexidade dos sistemas hipermidiáticos seja operacionalizável e vivida, o sistema deverá ser concebido como uma organização. Quando falamos em hipermídia, estamos no campo das inter-relações e a organização possibilita que elas ocorram. A organização irá possibilitar:

- A abertura e o fechamento do sistema;
- A ordenação seqüencial, bem como a não-seqüencial;
- As ligações aleatórias, bem como as pré-determinadas;
- A gravação do trajeto percorrido e a restauração do percurso.

A organização dos sistemas hipermidiáticos caracteriza-se por ser uma organização policêntrica. Vejamos, por exemplo, o caso da hipermídia nas redes: cada *site*, em si, representa um centro. Mais uma vez, a complexidade do sistema em sua totalidade irá estabelecer a ordem e a regulação dos nós. Porém, além disso, pode-se dizer que, na Internet, o centro está em toda parte e em lugar nenhum, o que nos leva à definição de um sistema acentrado.

No caso dos aplicativos em CD-ROM encontramos bastante variedade de categorias. Na maioria dos casos em que houve uma transposição eletrônica de um material que já existia anteriormente em sua forma impressa, o caráter centrado e linear ainda predomina. No entanto, algumas dessas versões hipertextuais conseguem ultrapassar a linearidade anterior e alcançar um caráter policêntrico.

Retomando o caso das redes, o fato de o centro estar em todo lugar e em lugar nenhum faz com que o caráter acêntrico e o policêntrico se conjuguem simultaneamente. À medida que toda organização acêntrica se regula a partir de respostas de centros locais computantes, já temos aí um sistema policêntrico. Na radicalização desse pensamento pode-se concluir que todo sistema acêntrico é também policêntrico e vice-versa.

Um caso bastante interessante de ser verificado diz respeito ao nosso próprio cérebro. Por muito tempo, o aparelho neurocerebral foi considerado como o centro regulador e de comando nos organismos vivos vertebrados. Acreditava-se que, nesses animais, a organização se daria a partir de um sistema hierárquico do tipo piramidal. Por representar uma exceção no universo vivo, em que organizações de forma acentrada e policentrada se apresentam em sua maioria, o esquema centrado era visto como uma forma de evolução. Porém, sabe-se hoje que, na verdade, estamos lidando com uma complexidade ainda maior e que, por trás desse aparente centrismo, existem simultaneamente policentrismos e acentrismos. Nosso cérebro é visto, então, como um dos centros de um sistema policêntrico maior, o qual, por sua vez, em sua complexidade, é muitas vezes acêntrico. Este sistema percorre nosso cérebro e o nosso corpo como um todo. Sobre esse tema tão envolvente, vale ser citado o livro do neurologista António Damásio (1996), *O erro de Descartes*. Guiado por uma intuição de que a mente racional e as emoções não seriam entidades tão separadas como se costumava acreditar, Damásio lança sua tese de que a razão humana não depende de um único centro cerebral, mas:

> (...) o cérebro humano e o resto do corpo constituem um organismo indissociável, formando um conjunto integrado por meio de circuitos reguladores bioquímicos e neurológicos mutuamente interativos (...); o organismo interage com o ambiente como um conjunto (...) as operações fisiológicas que denominamos por mente derivam desse conjunto estrutural e funcional e não apenas do cérebro. (Damásio,1996:17)

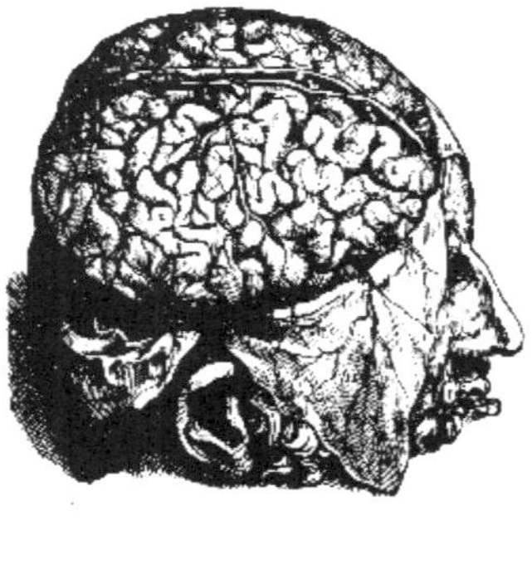

Figura 24
Ilustração do cérebro e seus labirintos.

A complexidade dos mecanismos cognitivos é enorme: Gardner (1994:40), no capítulo "Concepções da organização cerebral", afirma que todas as partes do cérebro importam na realização de tarefas diversas. No exame de tarefas complexas, descobre-se a presença de estímulos de diferentes regiões do cérebro contribuindo na execução. Varela vai mais longe e afirma que o corpo é uma instância cognitiva e não apenas o cérebro.

O mesmo ocorre na investigação da hipermídia, pois, tal como um sistema complexo, devemos tomar cuidado e não tentar decompor as suas partes. Os sistemas devem ser compreendidos como um todo que se articula e que só existe como tal. Desta forma, reduzi-lo às suas partes mais simples é deixar de concebê-lo como sistema. Na hipermídia não existe um centro único, mas sim um conjunto dinâmico composto pelos *links*, *sites*, páginas, máquinas, homens, instituições, etc. No entanto, muitos aplicativos não exploram todo o potencial de complexidade que a hipermídia oferece. Como poderíamos ampliar a complexidade dos trabalhos em CD-ROM?

Centrismo, acentrismo e policentrismo na hipermídia

Landow (1992:69-70) nos fala que conceitos como "texto central" e "texto marginal" não combinam com a mobilidade extrema dos sistemas hipertextuais. Pode-se dizer que no hipertexto temos apenas centros evanescentes, centros que se dissipam quando partimos para um outro:

> O hipertexto enfatiza, similarmente, que o marginal tem tanto para oferecer quanto o central, em parte porque o hipertexto não apenas redefine o central ao recusar dar garantia de centralidade a qualquer coisa, a qualquer lexia, por mais tempo que um olhar repouse sobre ela (...) Como os quinze minutos de fama das pessoas modernas de Andy Warhol, a centralidade em hipertextos existe apenas como um tópico de esvaecimento.

Em resumo, centrismo/acentrismo/policentrismo são elementos que, na hipermídia, articulam-se em uma complexidade crescente. Esta complexidade não exclui uma ou outra característica, mas permite, através de um sistema de trocas e diálogo com os centros locais, uma coerência no sistema como um todo.

Em livros técnicos sobre redes, costuma-se dizer que elas apresentam uma arquitetura fundada na relação cliente-servidor. Por servidor considera-se todo aplicativo que ofereça informação na rede. Isto inclui tanto um computador fisicamente falando, no qual os dados estão armazenados, como também aplicativos de *software*. O termo cliente, por sua vez, refere-se ao grupo formado pelo computador e *software* que requisita informações de um servidor. No caso da WWW, os clientes são denominados *browsers*. Como exemplo de clientes da WWW podemos citar o *Netscape*, o *Microsoft Explorer* e o *Mosaic*. Cada página da rede é mantida por um servidor e qualquer pessoa com um *browser* se constitui num cliente. Dessa forma, pode-se dizer que não existe um servidor central, nem um único cliente, o que resulta em um sistema policentrado. Cada *site* da Web representa um centro. Mais uma vez, a complexidade do sistema, em sua totalidade, é que irá estabelecer a ordem e a regulação dos nós. Porém, além disso, pode-se dizer que, na Internet, o centro está em toda parte e em lugar nenhum, o que nos leva à definição de um sistema acentrado.

Como já foi dito, ao analisar a arquitetura dos aplicativos em CD-ROM, pode-se observar que, em sua estrutura, muitos são mais policêntricos e outros mais centrados. No entanto, isso não significa que o leitor da "era do clique" siga em sua leitura de um modo linear. Além disso, um mesmo aplicativo pode apresentar tópicos mais interativos, outros mais lineares... Vários aplicativos em CD-ROM têm um caráter híbrido predominante. Toda vez que encontrarmos a combinação de características especificamente centradas e lineares, com pontes de acesso policentradas, teremos aí um sistema híbrido.

Vejamos o caso do título, em CD-ROM, *Eisenstein Multimídia*. O projeto surgiu a partir de um texto que já havia sido publicado anteriormente, na forma impressa, de autoria de Arlindo Machado, também coordenador da versão em multimídia. Dessa forma, ficou estabelecido que o texto em si seria o centro norteador. Os diferentes tópicos a serem acrescentados formariam um grupo de apêndices paralelos que poderiam ser consultados conforme o interesse do leitor. Como o texto analisa diversos filmes do cineasta russo, a inclusão de ícones que acionam fotos, animações e vídeos nas páginas correspondentes fornecem ao leitor a possibilidade de compreender melhor o tema em questão. Para também possibilitar outras formas de acesso à obra do cineasta, criou-se um índice de imagens; para ilustrar os comentários sobre a construção de planos através do princípio de montagem, foram criadas animações explicativas; e para localizar no tempo eventos da vida de Eisenstein, da história e da realização de suas obras, foi planejada uma cronologia. Enfim, o objetivo da versão em CD-ROM foi oferecer um texto mais rico, que, ao explorar os potenciais da multimídia, ampliasse e aprofundasse as questões tratadas na versão impressa.

Em busca da multivocalidade

Muitos dos trabalhos encontrados no formato hipertextual nos oferecem aquilo que Mark Bernstein (1995) denominou "muitos caminhos a serem percorridos", porém, "uma só voz a ser ouvida". Jay Bolter (*Writing space*), George Landaw (*Writing at the edge*) e David Kolb (*Socrates in the labyrinth*), por exemplo, desenvolveram aplicativos nos quais se percebe a voz do autor nitidamente por trás de sua estrutura permutacional. Ou, como disse Bernstein (1995:1), "uma voz autoral e organização unificadas medeiam todas as visões e abordagens contraditórias que o trabalho apresenta."

O que Bernstein está sugerindo é que poderiam ser criados trabalhos com uma natureza multivocal ou, em suas palavras, "um hipertexto com personagens". Sem dúvida, esse tipo de construção aumentaria bastante a complexidade. Com a inserção de personalidades múltiplas, o hipertexto incorpora elementos do drama. No drama, percebemos cada personagem como uma entidade distinta, com pensamentos e idéias próprias. Muitas vezes, as personagens do drama discordam e se rivalizam entre si. Mesmo sabendo que todas as personagens foram criadas por um autor único, isso não impede que cada uma tenha sua "identidade" própria. A multivocalidade pode ser sentida também em eventos como um debate, uma mesa redonda, etc. Como palco de discussões e polêmicas, esses acontecimentos nos oferecem a possibilidade de assistir a conflitos, divergências... Bernstein sugere alguns pontos que devem ser levados em consideração no desenvolvimento de um hipertexto multivocal. São eles: a independência, a persistência e a intencionalidade das personagens. A independência significa que cada personagem deve ser distinta e ser uma "unidade abstrata reconhecível". Para facilitar esse reconhecimento, Bernstein sugere que cada personagem tenha um tipo de interface distinta (1995:2). O caráter de persistência indica que mesmo que a personagem não pertença ao foco mais "central" da trama, ela deve ter uma existência contínua. Como exemplo de personagens que devem estar constantemente presentes no hipertexto, Bernstein cita as ferramentas de navegação (voltar, ir para frente, sair, *search*, etc...). Além disso, as personagens devem ter intencionalidade, ou seja, sua atuação deve servir a algum propósito. Esse propósito pode ser mais ou menos complexo, conhecido ou não pelo leitor, mas é ele que justifica a inserção de uma nova personagem.

Nesse sentido, uma questão a ser pensada pelos autores em hipermídia é o desafio de desenvolver um sistema aberto a uma pluralidade de discursos. Um sistema que dê espaço a múltiplos centros e a múltiplas falas.

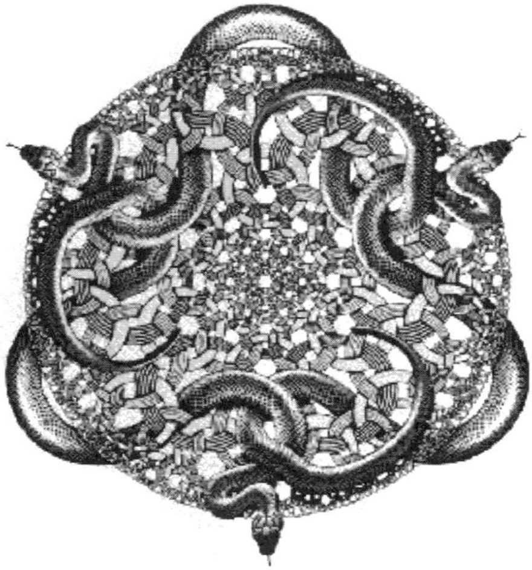

Figura 25
Cobras, xilogravura de Escher, 1969.

CAPÍTULO 3
A HIPERMÍDIA E O MINOTAURO

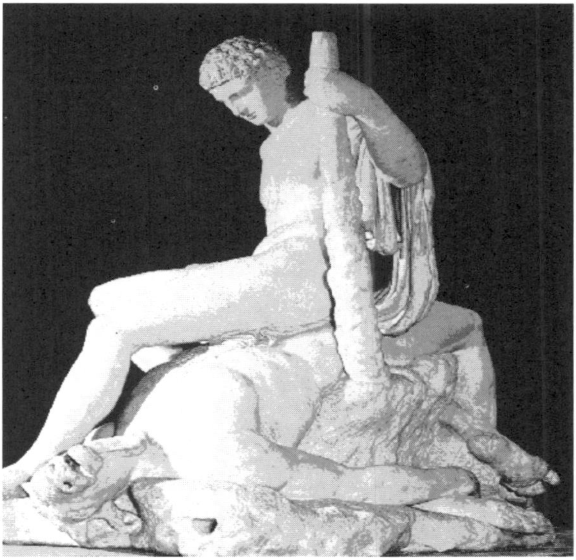

Figura 26
Teseu e o Minotauro. Escultura de Canova.

O labirinto na cultura grega

O labirinto é uma imagem bastante rica. Presente em várias culturas, com sentidos diversos e muitas vezes complementares, a busca do labirinto também nos leva a caminhos tortuosos e complexos. Como introdução a esse universo, farei algumas considerações iniciais a respeito de suas versões mais conhecidas, e, em seguida, traçarei alguns paralelos com a hipermídia. Na Antigüidade, Plínio (23-79 d.C) em seu *Naturalis Historia*, menciona os famosos labirintos egípcio e cretense e outros dois não tão conhecidos: um na Ilha de Lemnos, na parte norte do Mar Egeu; e outro, do período etrusco, na Itália. Plínio descreve em detalhes um labirinto subterrâneo, presente na tumba do General etrusco Porsena, em Chiusi (antiga Clusium). Além disso, Plínio muitas vezes se refere ao termo labirinto para designar traçados feitos no solo.

Labirinto, do grego *labyrinthos*, na única narrativa mítica do mundo grego, refere-se a uma construção extremamente complexa em Creta, também conhecida como Palácio de Cnossos. Segundo alguns estudiosos, é possível que não tenha existido o labirinto tal como é descrito nos mitos e encontrado em desenhos de moedas do período minóico. Já na opinião de outros, teriam existido dois labirintos: o palácio e a construção ao ar livre.

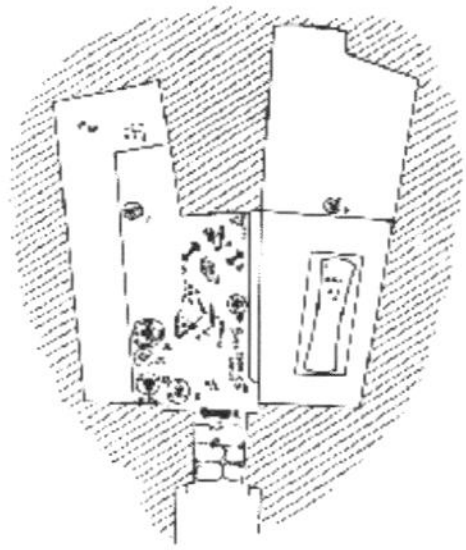

Figura 27
Tumba do machado de corte duplo.

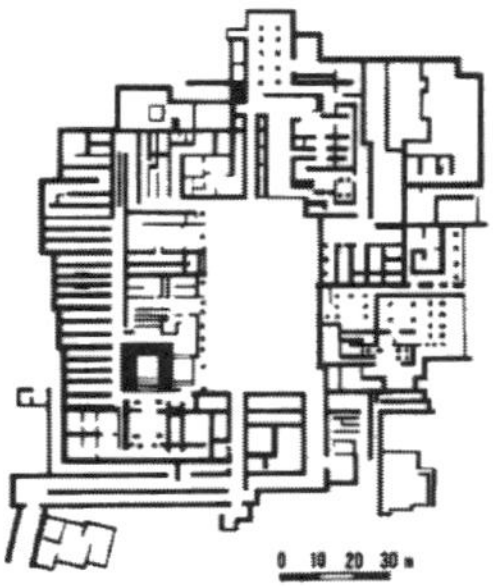

Figura 28
Planta do palácio de Cnossos.

A etimologia da palavra é bastante controversa, mas, em sua versão mais aceita, tem origem cária ou lídia. Segundo essa teoria, *labyrinthos* deriva de *lábrys*, machado de corte duplo. Podemos fazer duas relações: o machado de corte duplo tem uma conotação religiosa, sendo encontrado em pedras e pilares gravados do período minóico. O machado que corta em dois lugares tem relação também com os caminhos que se dividem no labirinto.

> Para esta tradição indígena e sua exegese contínua entre o fim do arcaísmo e a idade helenística, o labirinto é *cosa mentale*, um espaço que nenhuma construção obstrui (...) Pensando o labirinto com o Minotauro, os gregos privilegiaram a figura abstrata de um espaço aporético, deixando a outros o cuidado de explorar os valores do centro ou da caverna. Eles escolheram um espaço móvel onde a inteligência de quem conhece o reto e o curvo, o princípio o fim, põe-se a ler no vôo de um grou e na espiral de um parafuso sem fim. (Detienne, 1991:22)

1. A busca do Minotauro: a narrativa mítica

Segundo a mitologia grega, na mais conhecida de suas versões, Minos recebe de Posídon um touro maravilhoso de presente[1]. No entanto, o deus dos mares exige que esse animal seja, posteriormente, ofertado em sacrifício. Minos, devido à sua personalidade gananciosa, nega-se a devolvê-lo. Como punição, Afrodite intercede fazendo com que sua esposa, a rainha Pasífae, se apaixone terrivelmente pelo touro. Dessa união nascerá um monstro terrível, o Minotauro, metade homem, metade touro. Para esconder aquilo que se tornou a vergonha de Minos, o artesão Dédalo cria o labirinto.

Veremos um pouco da história de Dédalo, já que este será uma figura central na trama. O próprio nome Dédalo, em sua polissemia, nos leva a refletir sobre os significados ocultos do labirinto[2]. Artífice ateniense lendário, filho de Metión e descendente de Hefesto, deus

1) A maioria das obras dramáticas que narravam os feitos de Dédalo e Teseu desapareceu. Pode-se contar apenas com os relatos de Apolodoro (mitógrafo e gramático ateniense, 150 a.C.; vol. 1.307) e algumas alusões encontradas em Platão.

2) Se formos consultar a palavra "dédalo" em um dicionário comum, veremos que esse substantivo significa caminho confuso, entrecortado por encruzilhadas ou, ainda, coisa complicada, obscura. O termo é usado também para se referir ao traçado de grandes cidades: "o dédalo das metrópoles". Etimologicamente, temos Dédalo: do grego *Dáidalos*, "obreiro astucioso" ou, ainda, criativo, engenhoso, hábil.

do fogo e ferreiro, Dédalo era tão habilidoso que se dizia que suas esculturas podiam se mexer. No início de sua carreira, Dédalo tinha uma oficina em Atenas. Entre seus engenhos desse período, podemos citar criações tais como o mastro, a vela, o machado, o nível dos pedreiros, etc. Suas esculturas e seus projetos arquitetônicos eram bastante requisitados. Ainda em Atenas, Dédalo cometerá um crime por inveja. Seu sobrinho e auxiliar na oficina, Talos, havia inventado o serrote, a roda de oleiro e o compasso. Temeroso de que o sucesso do jovem rapaz o suplantasse, Dédalo o empurra do alto de uma rocha, próxima ao templo de Atená. Após haver cometido o assassinato, coloca o corpo em um saco para enterrá-lo. No caminho, encontra algumas pessoas que o interrogam sobre o sangue de suas roupas. Descoberto, Dédalo tenta negar tudo, mas o Areópago, tribunal grego, condena-o à morte. No entanto, Dédalo consegue fugir para Creta.

Em Creta foi acolhido pelo tirano Minos, que logo o escravizaria. A partir de então, Dédalo não teve mais liberdade para criar, sendo obrigado a realizar aquilo que seu soberano lhe ordenasse. Suas atitudes são sempre paradoxais: foi através de um engenho de Dédalo que Pasífae pôde efetivar seu amor com o touro. Embora construtor do labirinto, é Dédalo quem ensina a Ariadne uma solução para que Teseu consiga achar a saída. Como punição, Dédalo é preso no labirinto com seu filho, Ícaro. Imagem extremamente forte, temos agora o artista prisioneiro de sua própria obra. Para escapar desse presídio, Dédalo, mais uma vez, usará sua criatividade. Assim, o arquiteto desenvolve asas de cera. Em uma antecipação de séculos, pai e filho conseguem escapar. Ícaro, porém, com sua juventude e inexperiência, fascinado com a beleza do pôr-do-sol, tenta voar alto demais. Suas asas derretem e ele morre.

Fazendo uma pequena síntese dessa narrativa mítica, temos que o labirinto grego se liga, intimamente, à figura do Minotauro, como sua solitária morada e prisão. E o Minotauro, por sua vez, está ligado diretamente à pessoa de Pasífae e sua infidelidade.

A cena clássica está criada: de um lado, temos um monstro — devorador de carne humana — encerrado em uma construção complexa, o labirinto. De outro lado, temos o ganancioso tirano Minos, impondo seu poder sobre Atenas ao exigir como tributo catorze jovens que serviriam de alimento para a fera.

2. O labirinto de Creta

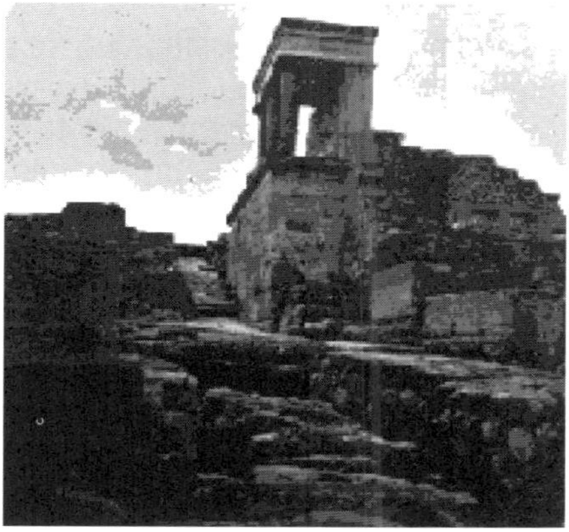

Figura 29
Palácio de Cnossos, vista das ruínas, Creta.

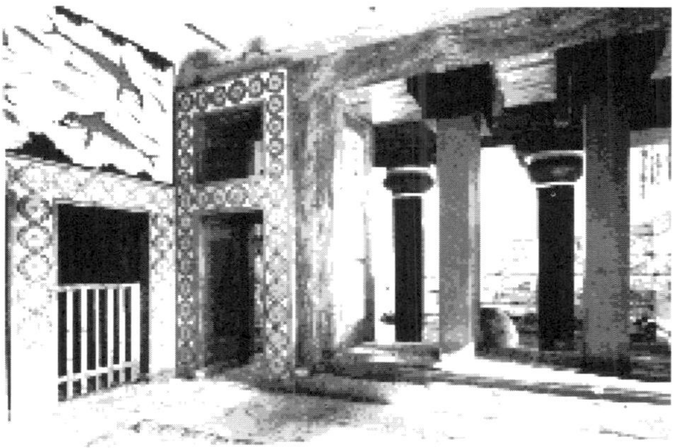

Figura 30
Interior do Palácio de Cnossos, mégaro da rainha.

Mas o que seria o labirinto de Creta?

Na descrição de alguns historiadores, a obra máxima e colossal de Creta era composta por milhares de caminhos que se cruzavam em complexas encruzilhadas, ruas sem saída, trechos com abismos intransponíveis, rios, penhascos, portas trancadas sem chaves. Esse labirinto não tinha teto, sua cobertura era o céu.

Esta imagem da construção do labirinto de Cnossos é intrinsecamente paradoxal: por um lado, é um cárcere; por outro, oferece o céu como limite. Como opostos que se anulam, a dupla prisão-altitude parece nos exigir uma leitura mais cuidadosa. Qual é o sentido de se pensar e se construir um labirinto a céu aberto?

Segundo outros autores, não havia um labirinto em Creta. Mas, sim, dois. O segundo era um traçado feito no chão, que servia de esquema para uma dança sagrada: a dança de Teseu. (Falarei dela a seguir). Já outros estudiosos afirmam que o labirinto de Creta seria apenas um Palácio bastante grande, se comparado às construções do mesmo período, encontradas em Atenas. Com a grandiosidade da construção, os aposentos reais ficavam bastante protegidos. Segundo essa linha de argumentação, Cnossos seria o centro de uma civilização bastante influente no Mediterrâneo, que teve seu apogeu entre os anos 2400 e 1400 a.C.

Em Cnossos encontra-se uma moeda denominada Apolo, que traz um desenho no qual uma linha curva descreve cinco enrolamentos. Esse desenho representa o traçado de um labirinto sem bívios, sem encruzilhadas. O que o viajante tem a fazer é tomar o seu caminho, ir seguindo as curvas e rodeios, para, em seguida, retornar. Dessa forma, à medida que o viajante não tem como errar e se perder nesse tipo de traçado, muitos consideram que essas circunvoluções, apesar de serem de natureza labiríntica, não são labirintos propriamente ditos. Além disso, neste caso, o fio de Ariadne torna-se desnecessário e inútil. Só faz sentido utilizar do estratagema do fio quando se tem encruzilhadas e caminhos que se bifurcam[3].

De qualquer forma, o labirinto formado por caminhos complexos, construído a céu aberto, é uma boa imagem para os sistemas hipermidiáticos. O leitor, ao navegar pelo sistema, vai construindo passagens tortuosas, alterando seu rumo inicial, descobrindo recantos desconhecidos. Porém, na medida em que o céu é o seu limite, não se pode dizer que o aventureiro esteja preso, confinado, sem ter como sair. A saída está sempre disponível e acessível, seja retomando seus passos anteriores (*back*), seja indo em direção a ela e acionando o botão *exit*.

---

3) Apesar dessa polêmica quanto ao fato dos labirintos sem bívios serem ou não labirintos, sigo a conduta de Rosenstiehl, segundo o qual este é um exemplo do tipo mais simples de labirinto. Para ele, o labirinto unicursal, feito de uma só linha, um só corredor, sem encruzilhadas, é o representante típico das estruturas labirínticas da "serpente enrolada", ou "árvore dobrada" (Rosenstiehl, 1988:255).

3. Teseu e o fio de Ariadne

O labirinto é uma imagem universal de busca do conhecimento. O herói do labirinto é Teseu, aquele que penetra por seus caminhos, aventurando-se através do desconhecido. Façamos um breve parêntese para refletir sobre a imagem de Teseu. No início do desenrolar da trama sobre o labirinto, um detalhe deve ser observado com atenção: Teseu se oferece, de livre e espontânea vontade, para embarcar no navio que levaria o tributo a Creta (sete moços e sete moças virgens). Teseu parte com coragem e desejo de enfrentar o monstro e de penetrar em sua morada. É fundamental frisar que houve esse querer inicial, essa vontade heróica, por assim dizer.

Teseu, porém, não irá despreparado para tal jornada. Contará com a ajuda do fio de Ariadne, a luz que o conduzirá até a saída. Teseu, aconselhado por Ariadne, amarra o fio na entrada do labirinto. Dessa forma seria possível retornar, por mais caminhos sinuosos que o herói tivesse que tomar para achar o Minotauro. Aqui vale uma ressalva: como veremos posteriormente, o fio de Ariadne não resolve todos os tipos de labirinto, ou seja, esse artifício não se mostra eficaz em todos os casos. Existem muitos labirintos e muitas soluções diferentes para cada um deles. Além disso, segundo Rosenstiehl, não se pode pensar que o fio era tão grande quanto o labirinto, pois dessa forma seria necessário duas vezes seu comprimento total para que o herói pudesse retornar para a saída. Assim, presume-se que Ariadne haveria ensinado a "arte de enrolar e de desenrolar o novelo": "Quando Teseu chega a uma encruzilhada já conhecida, pode escolher entre continuar a desenrolar o fio, tomando um corredor ainda não explorado, ou enrolá-lo" (Rosenstiehl, 1988:267-268).

Em outras narrativas, o próprio Dédalo sugere um estratagema para conseguir sair do labirinto. Por todos os caminhos por onde passa, Teseu deixa cair uma pedra, sinalizando os passos que deverão ser dados no retorno. Tal recurso é de extrema importância nos sistemas hipermidiáticos. Essa marca que se deixa, essa possibilidade de recuperar o trajeto percorrido é fundamental para que o usuário não se perca na construção labiríntica que está sendo criada com suas interações. Falo dessa sinalização, dando como exemplo o botão *back* presente na maioria dos programas de navegação da WWW, mais a seguir no item *Outros labirintos: peregrinações virtuais*, deste capítulo, e no Capítulo 4, no *A matemática do labirinto*. Em um outro estágio de sofisticação, esse mesmo programa oferece ao viajante a possibilidade de escolher os lugares mais importantes, aos quais deseja retornar, criando marcadores de página que poderão ser acessadas posteriormente.

4. A dança do labirinto

O labirinto nem sempre assumiu o sentido de prisão na Grécia. Verifica-se, por intermédio de diversos relatos, a presença de uma dança na ilha de Delos. A narrativa mítica nos conta que Teseu, depois de sua vitória sobre o Minotauro, fez uma escala nesta ilha. Após oferecer um sacrifício e consagrar uma estátua a Afrodite, Teseu fez uma dança com os jovens que ele havia libertado da morte. Ao que se sabe, essa dança é, até hoje, conhecida pelos délios. Alguns autores descrevem a dança como sendo formada por uma fileira de jovens que se seguram uns aos outros nos punhos, formando uma corrente. Cada uma das pontas do grupo representa Teseu e Ariadne. As extremidades da corrente desenham movimentos ondulados, formando espirais, em sentidos alternados, para a esquerda e para a direita, para dentro e para fora. No final, as duas pontas se unem, representando a união entre os pares complementares, início-fim.

Segundo pesquisas do historiador das religiões, Mircea Eliade (1988), todas as danças eram, originariamente, sagradas e seu modelo advinha de uma revelação. Devido a essa origem extra-humana e seus movimentos repetitivos, as danças promoviam uma reatualização de um tempo sagrado. Através dos movimentos reproduzidos, era possível incorporar o homem ao animal. Como exemplo, Eliade (1988:43) cita as danças armadas de Atená e a dança do labirinto de Teseu.

Esse gênero de dança também é chamado de dança do grou ou da cegonha. Ave pernalta, migradora, a cegonha passa o inverno no sul da África e na Índia e o verão na Europa Central. Por isso, diz-se que essa ave atravessa todo o globo terrestre, unindo uma extremidade a outra. Tudo isso só é possível graças à sua habilidade de se orientar no céu. Utilizando-se do recurso de atirar uma pedra para marcar e reconhecer territórios, a cegonha, através do som ouvido com a queda da pedra, pode reconhecer se está no mar ou na terra. Dessa forma, o grou, na cultura grega, é conhecido por sua prudência e cautela. Existe, entre os marinheiros gregos, um provérbio que diz: "Os grous carregam seixos", recomendando às pessoas que elas também, a exemplo da ave, ousem as mais distantes travessias, porém sempre sabendo para onde estão indo, sabendo como se orientar. Nas palavras de Detienne (1991:19):

> Esses grandes pássaros possuem de maneira exemplar a capacidade de prever, a ponto de parecerem conhecer, de maneira intuitiva, a natureza dos ares, as mudanças das estações

> e, por assim dizer, o mapa do mundo (...) como poderiam eles de outro modo ligar as extremidades da Terra? Eles oferecem assim um paradigma do percurso do labirinto e tal como esse percurso se anuncia nas descrições do movimento chamado Gêranos. A mesma prudência avisada permite ao pássaro pernalta ligar os dois extremos da Terra, e aos dançarinos do labirinto fazer juntar a entrada e a saída e fazer coincidir o fim com o início. Em ambos os itinerários trata-se de percorrer o impercorrível, de atravessar um espaço sem indícios aparentes, sem direção fixa, onde cada saída que parece abrir-se revela-se uma aporia insolúvel e um nó inextricável.

A Internet também, como rede de informações globais, une os dois pólos da Terra, anulando as distâncias. Uma vez que se está na rede, o fato da comunicação ocorrer com a Austrália ou com os Estados Unidos só representa uma diferença no potencial da comunicação, à medida que um ou outro centro ofereça um melhor desempenho na transmissão de dados. Ou seja, independe da distância métrica. Da mesma forma que as cegonhas procuram o ponto da Terra com clima mais adequado, de acordo com as estações do ano, não se importando com as distâncias a serem percorridas, o internauta também. Este não precisa se ater a *sites* próximos ou vizinhos. O próprio conceito de proximidade se torna inadequado nesse caso. É bem mais pertinente pensar em termos de eficiência e velocidade na transmissão da informação. Devido à questão do tempo, que impera como fator predominante nas escolhas efetuadas no ciberespaço, aquele *site* da Austrália pode ser mais rápido para um determinado usuário localizado em uma cidade como São Paulo do que um outro, situado em uma cidade vizinha como Campinas. A prevalência do tempo irá, dessa forma, gerar a anulação do espaço geográfico e favorecer uma desterritorização.

Os *browsers*, por seu lado, funcionam como os seixos da cegonha, uma vez que nos ajudam a nos localizar entre os pontos da rede, possibilitando ir de um extremo ao outro do globo terrestre.

O labirinto egípcio

Verifica-se a presença de um labirinto no antigo Egito em diversos relatos. O historiador grego Heródoto descreve uma imensa construção, segundo ele, mais fantástica que as pirâmides, com diversos cômodos sobre um mesmo teto. Vários desses aposentos eram templos dedicados às divindades egípcias. No subterrâneo, encontravam-se crocodilos embalsamados em templos próximos a um lago artificial. Sabe-se que os crocodilos eram bastante reverenciados em uma parte do Egito, talvez pelo fato de que, graças a eles, os invasores eram impedidos de entrar no país atravessando o rio Nilo. Porém, cabe lembrar que, em alguns lugares do Egito, isso não ocorria e os crocodilos eram comercializados normalmente, tanto sua carne como também sua pele. Mas, voltando à questão do labirinto, outros aposentos da tal construção eram reservados para os túmulos de faraós. Acredita-se que o labirinto egípcio tenha sido construído na Era de Ouro Egípcia, pelo faraó Amenemhet III, em Krokodipolis. A construção se deu em um momento de grande expansão egípcia, com uma classe sacerdotal poderosa e em constante crescimento. Dessa forma, o labirinto próximo ao lago Moeris seria morada de honra e tributo não só às divindades, mas também ao clero. Segundo o mitógrafo Mackenzie (1978), a idéia de se construir um labirinto pode ter vindo de Creta, cujos palácios labirínticos da primeira metade do Período Minóico são contemporâneos da Décima Primeira Dinastia Egípcia. Porém, o que mais causa admiração no palácio egípcio é, sem dúvida, a grandiosidade de sua arquitetura. Os arqueólogos Petrie e Canina reconstituíram o plano arquitetônico do templo de Amenemhet III, num total de 3.000 salas, numa arquitetura de 270X300 metros, com um número ciclomático[4] de várias centenas.

É interessante notar que esses dois famosos labirintos (o Palácio de Cnossos e o egípcio) foram totalmente destruídos.[5]

---

4) O número ciclomático de um labirinto é o resultado do número de corredores menos o número de encruzilhadas mais 1. Ver explicação detalhada no Capítulo 3.

5) O labirinto egípcio foi escavado por Flinders Petrie, em 1888. Já no caso cretense, alguns autores afirmam que não há qualquer vestígio concreto de ter realmente existido um labirinto, enquanto outros falam da descoberta do Palácio de Cnossos por Evans, e de grutas e cavernas subterrâneas com traçado labiríntico na ilha de Creta.

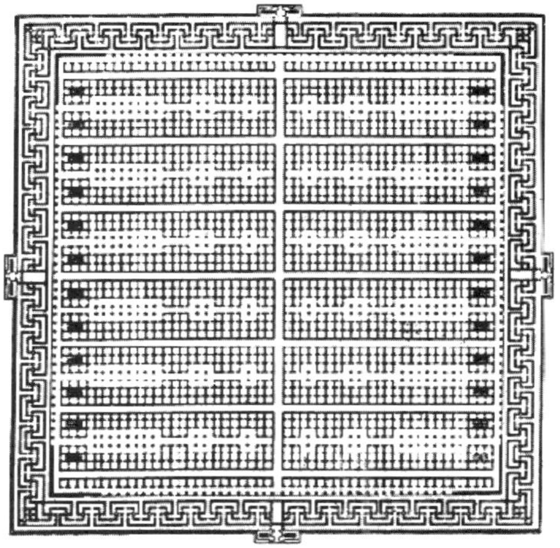

Figura 31
Labirinto egípcio, conforme a planta de Flinders Petrie.

O labirinto no imaginário da Ilha Melanésia dos Malekulas

Existe uma lenda na Ilha Melanésia dos Malekulas[6] que fala dos perigos que uma alma tem de enfrentar quando desce ao reino dos mortos. Conta a lenda que, ao chegar lá, o viajante encontra-se com uma velha guardiã na porta. A guardiã faz então o desenho de um labirinto na areia e, logo em seguida, apaga partes do traçado com as mãos. Cabe ao candidato a tarefa de refazer o caminho do labirinto para poder entrar na "terra dos mortos". Os que não conseguem refazê-lo são devorados pela mulher. Aqui estamos diante de um tema recorrente em diversas narrativas míticas. Para conseguir alcançar um objetivo, o pretendente tem que dar provas que o capacitem a isso. O que torna esse exemplo bastante singular e vai ao encontro de meus propósitos é o fato de que a prova requerida é refazer o trajeto do labirinto. Ou seja, conhecer o segredo do labirinto tem uma importância muito grande para essa cultura. Cabe ao fiel o aprendizado do labirinto antes de morrer.

Voltando às reflexões sobre hipermídia, temos aí, mais uma vez,

---

6) A Ilha Melanésia dos Malekulas fica entre as ilhas Salomão e Fiji.

a colocação de um dos pontos basais a serem lembrados no momento da construção de um aplicativo: a necessidade de se conseguir refazer o trajeto do labirinto. Não importa o labirinto que o viajante construa entre os elos de um sistema. O fundamental é sempre manter viva a possibilidade de se recuperar o trajeto, o percurso. Só assim o viajante poderá voltar até um ponto em que achou uma coisa importante. Só dessa maneira poderá avançar para um outro ponto desconhecido.

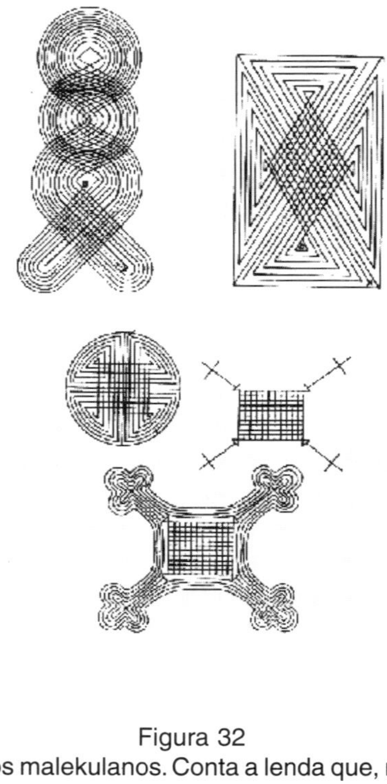

Figura 32
Traçados de labirintos malekulanos. Conta a lenda que, no reino dos mortos, existe uma velha guardiã que faz um desenho de um labirinto na areia. Logo em seguida, apaga partes do traçado com as mãos. Cabe ao morto a tarefa de refazer o caminho do labirinto. Os que não conseguem refazê-lo são devorados pela mulher.

Outros labirintos: peregrinações virtuais

Como já foi mencionado, o labirinto é um tema recorrente em diversas culturas e épocas da humanidade. Encontra-se um fato curioso a respeito de labirintos presentes em igrejas medievais. Sabe-se, a partir de textos da época, que esses labirintos eram também conhecidos como o "Caminho para Jerusalém". Assim, esses labirintos eram um substituto à peregrinação à Terra Santa. Peregrino sem sair do lugar, ao percorrer o labirinto, o fiel fazia seu ritual de iniciação. Traçando um paralelo com discussões contemporâneas sobre a virtualidade, teremos questões bastante interessantes para refletir.

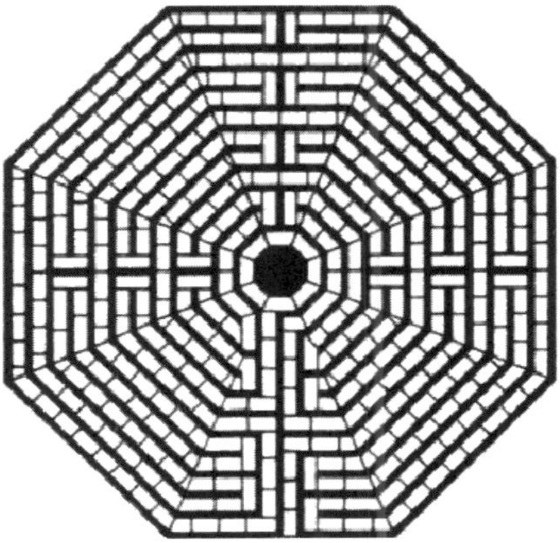

Figura 33
Labirinto da catedral de Amiens. Os labirintos esculpidos sobre os solos das igrejas, bastante freqüentes na Idade Média, eram um substituto à peregrinação à Terra Santa.

Pierre Lévy (1995), em seu livro *Qu'est-ce que le virtuel?*[7], desenvolve o conceito de *virtual* a partir de um questionamento do termo em si. A noção de *virtual*, muitas vezes, se associa à de *real*. Porém, desde os escolásticos, já temos uma outra oposição ao termo *virtual*: o *atual*. *Virtual* vem do latim *virtus* e designa força, virtude.

7) *O que é o virtual?*

Assim, teremos um quadro no qual os termos *virtual* e *atual* se apresentam como pólos do real. O *possível*, por sua vez, encontra-se em um outro ponto, pois quando nos referimos ao *possível* estamos falando de algo previamente conhecido. Por exemplo, quando eu falo "É possível que chova", isto significa que, se chover, vai se realizar algo conhecido. Quando estamos nos referindo ao *virtual*, por outro lado, o elemento da novidade e da surpresa se apresenta de uma forma extremamente perturbadora. Quando falamos de *virtual*, estamos falando de problematizações. Pensemos o caso de uma fecundação. No sêmen já existe o código genético. Porém, não sabemos como será o bebê, com quem irá se parecer, etc. O virtual é aquilo que tem o potencial para se realizar, ou seja, o que pode se atualizar.

Pensemos o caso da hipermídia. No momento da criação de um sistema interativo, são programadas portas de acesso a outros pontos do documento ou da rede. Cada um dos elos hipermidiáticos oferece uma alternativa de percurso. Esta alternativa, por sua vez, está presente nas páginas virtualmente. Só se atualiza se o navegante assim o desejar. No momento em que o leitor opta por percorrê-la, temos uma desterritorização, isto é, o leitor deixa, abandona um território conhecido e penetra um outro.

Talvez uma das questões mais importantes a serem pensadas em hipermídia seja: dada uma virtualidade, quanto de atualização pode sair dali? Ou seja, cria-se um programa com **n** portas de acesso, com **n** encruzilhadas: será que o leitor irá percorrê-las, atualizando uma virtualidade e se desterritorizando?

Existe uma regra que é considerada pelos labirintólogos como regra mínima para resolução de todos os labirintos. Também denominada regra de resolução de Tarry, ela diz: "Dada uma encruzilhada, só continuar no corredor que deu acesso a ela em último caso."[8]

Quantos irão segui-la?

No momento do desenvolvimento de um aplicativo, o(s) programador(es) vai (vão) criando portas de acesso a outros percursos, deixando caminhos potenciais a serem percorridos. O fato de um leitor explorar ou não essas alternativas, esses caminhos que se abrem em uma encruzilhada, é algo que depende de sua vontade e desejo. Porém, à medida que o arquiteto do sistema

8) Nas palavras de Rosenstiehl (1988:264), a regra de resolução de Tarry diz: "Numa encruzilhada tomar o corredor de descoberta da própria encruzilhada apenas em último caso".

hipermidiático constrói essas encruzilhadas, ocorre um aumento do potencial interativo e permutacional do sistema.

De qualquer forma, a regra de Tarry é bastante importante e deve ser compreendida. Caso um leitor opte por ela, terá explorado mais corredores e partes de um aplicativo do que aquele que se mantiver sempre no corredor de acesso, ignorando as encruzilhadas. Porém, mais uma vez, cabe lembrar que o leitor-explorador de Tarry corre muito mais risco de se perder e que, portanto, o projeto em multimídia deve levar em conta esse tipo de usuário, criando e deixando claro, em qualquer momento do percurso, a possibilidade de retirada. A retirada, por sua vez, deve ser possível em dois sentidos: uma direta, que leve o leitor para fora do programa, e outra que possibilite um retorno sobre seus próprios passos.

Para isso, temos os botões básicos: o *exit*, que seria suficiente para a saída imediata; e o *back*, que faz retornar à página visitada anteriormente. A importância do botão *exit* parece bastante óbvia e é interessante observar o fato de Dédalo, o construtor, ter se valido desta opção ao escapar do labirinto com o uso de asas. Pode-se até mesmo se perguntar por que ele, em vez de utilizar suas próprias estratégias, tais como a marcação com pedras ou então o fio de Ariadne, tenha optado por sair voando, com asas?

Volto a insistir na importância do botão *back*, pois através dele o leitor pode refazer o seu próprio labirinto, o seu próprio traçado. O aplicativo deve ser programado de forma a possibilitar que um número bastante grande de passos seja gravado. Isto é, para possibilitar ao viajante retornar ao início de seu percurso. Já me deparei com aplicativos em multimídia em que só era possível recuperar as duas últimas encruzilhadas, o que foi bastante decepcionante. Enfim, embora não se possa prever as escolhas do leitor, é válido que, no momento da concepção do sistema hipermidiático, se pense e se leve em consideração um tipo de leitor que deseje explorar o máximo de encruzilhadas, um seguidor da *regra de Tarry*.

A palavra percurso significa ato ou efeito de percorrer. Remete-nos ao espaço percorrido, ao trajeto. Fala de movimento, deslocamento, itinerário, roteiro. A experiência iniciatória que os mitos nos contam exige provas, para que o aspirante à iniciação se mostre digno de chegar à revelação. O mesmo acontece com os aplicativos de multimídia: você pode inicialmente fazer um *guided tour*, tomar contato com a superfície. Porém, só será possível conhecer o denso material após diversas investidas, por várias portas e vários caminhos. Muitas vezes, em críticas e comentários que saem na mícia sobre esses aplicativos, fala-se apenas da qualidade das reproduções de suas imagens ou então da quantidade de informação contida neles. Porém, além de verificar a qualidade e a quantidade de dados, a análise da *hipermídia* deve incluir os aspectos estruturais do sistema. Assim, o olhar crítico sobre a *hipermídia* deve penetrar o aplicativo, aventurar-se entre os múltiplos *links*, para deixar emergir as complexas leituras que só despontam no entrelaçamento dos caminhos.

CAPÍTULO 4
A MATEMÁTICA DO LABIRINTO

Labirintos sem bívios

Existe uma série de estudos na matemática a respeito do labirinto. Nesse capítulo, veremos como esse conhecimento pode nos auxiliar na compreensão da hipermídia. O labirinto inclui dois tipos de olhar. O olhar do arquiteto que tudo conhece, panorâmico e global; e o olhar do viajante, aquele que, sem mapa, avança passo a passo no labirinto. Para discutir sobre os tipos de estruturas labirínticas, vamos primeiro nos situar sob o ponto de vista do olhar onisciente daquele que tudo vê.

O tipo mais simples de labirinto é aquele que não oferece a possibilidade de escolha ao viajante. Por não apresentar encruzilhadas, o labirinto unicursal exerce seu fascínio através de enrolamentos e espirais. A única forma de percorrê-lo é ir caminhando do início ao fim. Embora o percurso seja previamente criado por seu construtor, o labirinto unicursal não pode ser conhecido através de um olhar rápido sobre o seu traçado.

Os mais interessantes labirintos sem bívios, isto é, sem ramificações, são aqueles que, através de linhas curvas, formam circunvoluções. Para alguns, o labirinto sem bívios não é propriamente um labirinto, já que não permite ao peregrino liberdade de escolha. Além disso, este tipo de labirinto acaba por negar o fio de Ariadne, cuja utilidade aparece no caso de existirem ramificações. De qualquer forma, optei por considerar esse tipo de construção como labiríntica. Aliás, como pode-se ver na figura da célebre Moeda de Cnossos, o labirinto unicursal cretense é uma das mais conhecidas e fortes imagens daquilo que nosso imaginário conhece por traçado labiríntico.

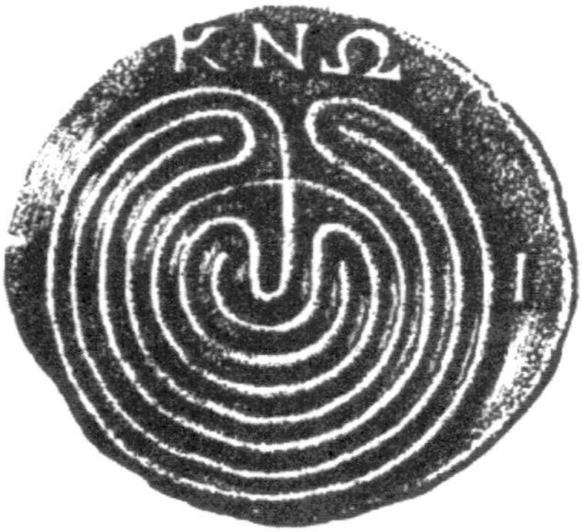

Figura 34
Célebre Moeda de Cnossos. O labirinto unicursal cretense é uma das mais conhecidas e fortes imagens daquilo que nosso imaginário conhece por traçado labiríntico.

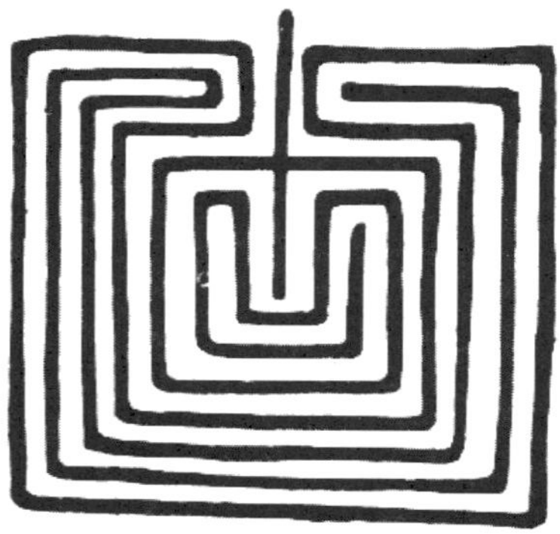

Figura 35
Labirinto encontrado entre os índios hopi, EUA. É interessante observar que esse labirinto apresenta o mesmo traçado unicursal da Moeda de Cnossos.

Podemos nos perguntar: como o arquiteto projeta esse tipo de labirinto? O desenho do labirinto unicursal é feito a partir de movimentos alternados, de dentro para fora e vice-versa. No caso dos traçados curvos, os enrolamentos se dão para dentro ou para fora, criando corredores mais ou menos apertados. Em alguns pontos, o projeto pode incluir um estreitamento bem pronunciado. No momento em que o corredor muda de sentido, pode ser formada uma aresta viva, o que leva o viajante a assumir o sentido oposto do movimento em que estava. A famosa circunvolução da moeda cretense é composta por sete enrolamentos e pode-se encontrar esse mesmo tipo de desenho em labirintos de outras culturas. Entre os estudiosos do labirinto, esse traçado se denomina labirinto "clássico dos sete circuitos ou enrolamentos". Inicia-se o desenho através de um padrão simples de uma cruz e alguns pontos. Este padrão, denominado semente, vai desenrolar o traçado clássico seguindo o sentido horário, como se pode ver nas figuras:

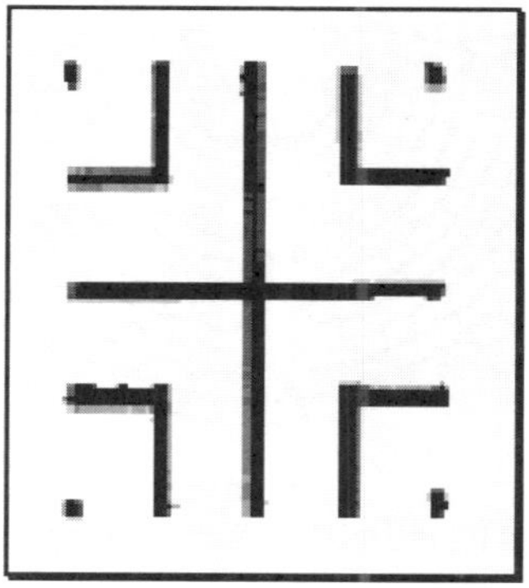

Figura 36
Padrão "semente" para construir um labirinto clássico.

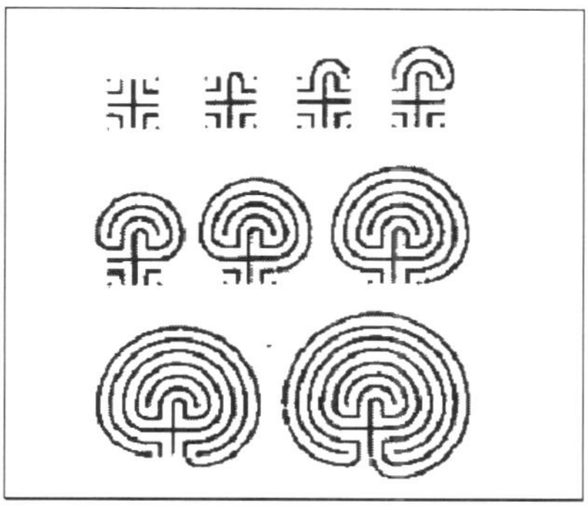

Figura 37
Como se faz o desenho do labirinto clássico.

Um outro labirinto bastante famoso, o do solo da igreja gótica de Chartres[1], é um desenho mais complexo ainda, pois, em cada um dos seus quatro cantos, temos a reprodução das circunvoluções do labirinto "clássico de sete enrolamentos".

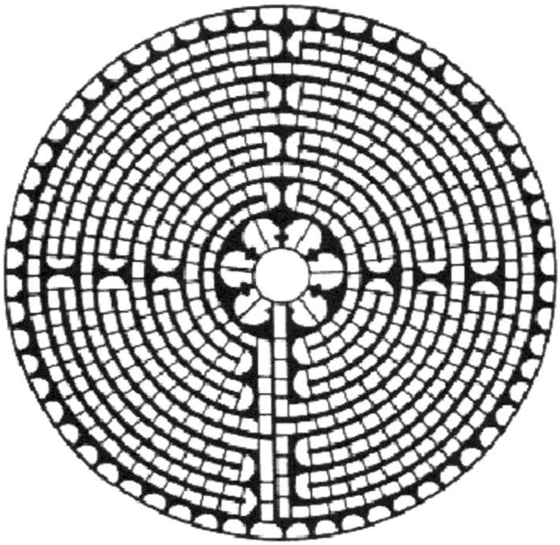

Figura 38
O complexo labirinto da Catedral de Chartres é formado por quatro labirintos clássicos de sete enrolamentos.

Esse tipo de construção encontra um paralelo nos *Guided Tours*, já analisados no Capítulo 1. Constata-se que, embora não ofereçam possibilidades de escolha para o usuário, muitos desses aplicativos permitem interessantes apresentações multimidiáticas, que funcionam como jornadas de descobertas. No caso do tutorial explicativo do CD-ROM *Microsoft Art Gallery*, com acervo da *National Gallery* de Londres, por exemplo, a beleza das explicações sobre as linhas constitutivas de um quadro só pode existir se o usuário seguir do início ao fim a apresentação. Tal como um labirinto sem bívios, os enrolamentos explicativos nos levam a percursos previamente preparados por seu construtor. No entanto, quando bem-feitos, não se pode negar que esse tipo de construção ofereça uma experiência rica e iniciatória.

---

1) O labirinto da catedral de Chartres, na França, é do século XIII. Os caminhos desse labirinto têm 34 cm de largura e seu percurso total compreende 294 m de comprimento.

Gráficos

Continuando a reflexão sobre os diferentes tipos de labirintos, veremos como a aplicação de gráficos auxilia na compreensão de suas estruturas. Os gráficos são esquemas visuais que associam símbolos específicos ao projeto do labirinto. Extremamente úteis para o estudo dos traçados labirínticos, os gráficos desfazem a maioria das ilusões ópticas que surgem de relance.

O desenho do gráfico se faz por correspondência direta. Assim, no estudo de um traçado labiríntico, os corredores correspondem a linhas e as encruzilhadas associam-se a pontos. Vejamos, por exemplo, como é o gráfico correspondente ao traçado da Moeda de Cnossos já vista anteriormente:

Figura 39
Gráfico do labirinto unicursal.

Pode-se perceber que esse tipo de representação gráfica evidencia a presença de encruzilhadas e que os movimentos descritos no traçado dos corredores não são perceptíveis. Enfim, a construção ou não de corredores que saem de um mesmo ponto ou encruzilhada é que vai determinar a complexidade do gráfico. Com relação à hipermídia, pode-se dizer que questões como a escolha do caminho, por parte do viajante, e a possibilidade do leitor ir construindo seu próprio labirinto estão diretamente associadas a um gráfico mais elaborado. A famosa gruta de Gortina, na ilha de Creta, por exemplo, tem um gráfico dos mais complicados... Os labirintos freqüentemente encontrados em jardins franceses também têm seus gráficos compostos por mais encruzilhadas. Enfim, a importância de se saber fazer um gráfico correspondente, bem como analisá-lo, reside na possibilidade de se tirar do desenho aquilo que é enrolamento e dispersão, comprimento e largura e se ater às encruzilhadas e corredores. Tal dado é fundamental para um outro momento no estudo das diferentes estruturas labirínticas: o número ciclomático, que veremos mais adiante.

Pode-se dizer que a complexidade de um gráfico, no caso de exemplos de hipermídia, está diretamente ligada à sua capacidade interativa. Quanto mais opções de escolha oferece ao usuário, mais o gráfico correspondente torna-se elaborado.

O primeiro caso que vamos investigar é o aplicativo da série infantil *The Berenstein Bears, Learning at Home*, volume 1. A página inicial do aplicativo já contém diversas opções, pois a criança, ao "clicar" sobre as figuras, tem a possibilidade de ouvir o termo correspondente em inglês. Além disso, a criança pode escolher atividades como brincar, ler ou arrumar a cama e, através dos ícones presentes na barra inferior, a criança tem acesso a outras atividades. Desta forma, como se fosse uma praça central, podemos dizer que nessa página estão presentes diversas encruzilhadas, das quais vários corredores partem para locais diversos. Alguns corredores, no entanto, apenas acionam o áudio, com a palavra correspondente, e funcionam então como corredores nulos.

Em resumo, as páginas básicas dessa série contêm atividades disponíveis de imediato na tela e outras, que só se tornam ativas quando se "clica" na barra inferior. Os ícones da barra inferior são de dois tipos, mas, em sua maioria, levam a outras páginas básicas com atividades diferentes. Os itens presentes no canto direito, duas setas indicativas de direção e um botão escrito *More*, levam para outras situações. O *More*, por exemplo, aciona mais itens da barra inferior e os quatro itens anteriores podem ser resgatados quando se clica em *More* mais uma vez. Já as setas indicativas de movimento possibilitam que a pequena Ursa (*Sister Bear*) se locomova de um lado para outro do aposento, o que, por sua vez, abre novas possibilidades interativas.

Outro gráfico bastante interessante é o *browser Netscape Navigator*. Repleto de portas de entrada virtuais, não se tem como precisar o número de corredores que desembocam nele, já que através do endereço é possível "acessar" um dos milhares de *sites* disponíveis na rede. No entanto, um fenômeno bastante interessante ocorre nas visitas à Internet. Muitas vezes, o usuário não consegue se comunicar com o *site* desejado e é induzido a tentar outro e mais outro, num movimento incessante, "num livre e infinito processo de leitura em diagonal", nas palavras de Umberto Eco (1996). O objetivo inicial da pesquisa é esquecido. Passamos então a uma "comunicação pelo prazer de si mesma", comunicação esta que perde seu sentido utilitário, assumindo um caráter unicamente lúdico e descomprometido (Eco,1996).

Mas esse fenômeno da falta de compromisso e essa atitude de

esquecimento do objetivo inicial da comunicação não evocam aquilo que o labirinto tem de mais contundente? Esta amnésia, este não saber o que se estava procurando, não é em si um reflexo daquilo que o labirinto oferece como desafio?

O peregrino, ao entrar no labirinto, era induzido à falha, ao erro, ao se perder. Não parece apropriado dizer que as excursões na Net também nos incitam ao perambular "à toa"? Explorar um labirinto é conhecê-lo, dominá-lo, é conseguir nos movimentar entre os seus nós. Em tempo algum poderíamos dizer que alguém que ficou à mercê de suas encruzilhadas, vagando sem destino, é alguém que conheceu o labirinto. Mas, enfim, há muito tempo o homem propõe estratagemas para a resolução dos labirintos, como veremos mais adiante.

Teoremas

O labirinto que o usuário forma, ao navegar em redes como a Internet, com seus desvios e percursos diversos, pode ser visto de duas maneiras. Primeiro, como resultado da expressão dos seus desejos. Segundo, nessa construção participam também interesses que afloram ou que são instigados por uma curiosidade súbita. No labirinto das redes, precisa-se mais do que nunca de potentes ferramentas de *search*, de *bookmarks*, bem como de um programa que registre os passos, deixe sinais. Pode-se prudentemente seguir o *Teorema de Ariadne Sábia* e procurar voltar sempre aos próprios passos, mas também assumir o *Teorema de Ariadne Louca* e tentar conhecer o maior número possível de caminhos. Para exemplificar essas argumentações a respeito da possibilidade de se adotar as duas posturas sem risco de se perder, veremos, mais à frente, um contraponto com botões comumente encontrados nos *browsers*.

Vejamos agora o que dizem os teoremas:

- *Teorema de Ariadne Louca:* para explicar essa regra, Rosenstiehl faz uma relação entre o espírito aventureiro e a atração pelo desconhecido. Nas palavras do famoso labirintólogo: *"Vai sempre explorando novos corredores, desenrolando o fio, e numa encruzilhada onde já não possas explorar mais nada, reenrola o fio no teu corredor"* (Rosenstiehl, 1988:268).

Pode-se observar que esse teorema, na verdade, contém um método bastante claro e organizado de incitar o viajante a percorrer o labirinto todo, buscando passar por todos os caminhos possíveis.

- *Teorema de Ariadne Sábia:* este teorema compreende que ao escolher a retirada, voltando sobre os próprios passos, Teseu não corre o risco de se perder, pois, se há escolha, se uma encruzilhada aparece, retornar ao caminho anterior significa pegar um corredor livre que leva à saída: *"Segue o teu caminho, e se chegares a uma encruzilhada já descoberta, ou se já não tiveres nenhum corredor para explorar, então, nestes dois casos e só neles, reenrola o fio no teu corredor"* (Rosenstiehl, 1988:268).

O fio de Ariadne não é só um instrumento para não se perder e poder retornar. Ele é também o instrumento com o qual o viajante consegue avançar. Pois os corredores que ainda não foram explorados não têm o fio, enquanto que aqueles que já foram visitados têm a marca do fio. Os *browsers*, de uma forma geral, recuperam essa marcação do fio de Ariadne ao marcar os *sites* já visitados. Desta forma, como já vimos, todas as palavras que vêm com uma cor diferente, em geral o azul, correspondem à portas de acesso a outros locais; os *links* que já foram percorridos têm sua cor alterada para roxo, por *default*. Por exemplo, no caso do índice inicial do sistema hipermidiático *Hyper-G*, cada uma das palavras que vêm com cor destacada representa uma porta de entrada a um outro endereço. Assim, é como se a página índice fosse uma grande encruzilhada, um ponto no qual se cruzam diferentes estradas. À medida que o pesquisador "clica" uma dessas palavras destacadas, ele, na verdade, está acionando uma comunicação com esse outro endereço e recebendo na tela de seu computador informações que estão locadas lá.

É feito o contato e o *browser*, ao se comunicar com o servidor, carrega informações que estão disponíveis nesse endereço. A seguir, o navegador pode optar tanto por ir "acessando" outras localidades disponíveis no seu endereço atual como retornar à página índice inicial. Examinarei os dois casos.

No primeiro caso, o leitor estaria seguindo o *Teorema da Ariadne Louca*, ou seja, preferindo uma nova exploração. No segundo caso, o usuário preferiu uma opção mais contida, a *regra da Ariadne Sábia*, ao voltar atrás e rever a página de onde iniciou a pesquisa. Quando chega lá, o leitor conta com um outro recurso que lhe facilita a pesquisa. O título da página que ele já visitara mudou de cor, está, por exemplo, púrpura, o que indica que essa é uma localidade já acionada anteriormente. A alteração de cor funciona como o fio, marcando o local já percorrido e, desta forma, facilita o avanço. Encontra-se esse mesmo recurso de sinalização em aplicativos de CD-ROM, com algumas características diferentes. No *guided-tour* do *Toolbook*, por exemplo, cada vez que o leitor passa por uma lição, o programa automaticamente insere um sinal gráfico no índice geral dos tópicos. Cabe lembrar que essa marcação automática pode gerar equívocos, pois o leitor pode não ter realizado a lição e apenas ter dado uma olhada superficial. De certa forma, seria bem mais interessante se o aplicativo permitisse que o próprio usuário fizesse sua marcação.

Na prática, o que costuma ocorrer é uma alternância entre os dois modos de percurso. Ou seja, um leitor que tenha começado sua navegação seguindo a *Lei de Ariadne Louca* pode, a qualquer momento, querer retomar seus passos numa postura *Ariadne Sábia* e vice-versa.

Quando se aciona um *browser*, assume-se a postura de cliente da rede. Assim, o cliente precisa especificar que página da Web deseja visitar. Cada página, cada endereço específico da rede, tem o seu URL (*uniform resource locater*), que associa a cada página uma identificação. Muitas vezes, em nossas pesquisas, nós não contamos com o endereço daquilo que queremos pesquisar. Mesmo assim, é possível realizar a pesquisa com a utilização de programas de busca e assim, o endereço - URL será encontrado pelo programa. Enfim, esse endereço aparece no campo superior do *browser*. Como em cada página carregada temos também a possibilidade de ir saltando para outras através da palavras iluminadas ou com cores diferentes do bloco do texto (que indicam que são portas para outros endereços da rede), a possibilidade de se perder e de percorrer caminhos inesperados é bastante grande.

Pedras e marcadores de páginas

O conto de fadas "João e Maria" nos revela o artifício de marcar o caminho com pedras para se achar o caminho de volta. No conto narrado por Grimn (1989), as duas crianças são abandonadas pelo pai e a madrasta na floresta. João, já sabendo que isto iria acontecer, vai marcando o caminho com pedras brancas. Dessa forma, foi fácil achar o caminho de volta quando a lua surgiu e iluminou as pedras. O mesmo estratagema foi utilizado pelo Pequeno Polegar para achar o caminho de volta na floresta, quando ele e seus irmãos estavam perdidos.

> O Pequeno Polegar deixou-os gritar, já sabendo muito bem como poderia voltar a casa, pois à medida que andava ele viera deixando cair ao longo do caminho as pedrinhas brancas que trazia nos bolsos (...) Os irmãos o seguiram e ele os levou para casa pelo mesmo caminho por onde tinham vindo até a floresta. (Perrault,1989:65)

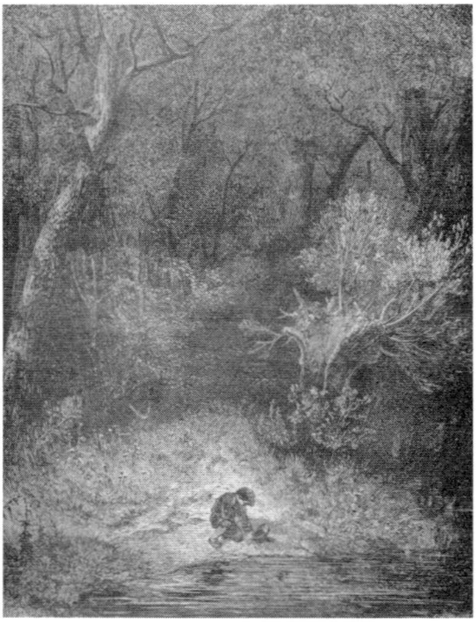

Figura 40
O Pequeno Polegar colhendo pedras, na visão de Gustave Doré.

Esse tipo de estratégia se mostra bastante eficaz, quando se utiliza marcadores confiáveis e não migalhas de pão, como fizeram nossos personagens na segunda parte das duas narrativas. Um exame sobre a natureza dessas pedras revela que elas se apresentam como marcações de um itinerário percorrido anteriormente. Assim, o contraponto das pedras com o comando *back*, presente na maioria dos *browsers*, fica bastante claro. Pois o *back*, da mesma forma que as pedras, recupera todo o território anteriormente visitado, ou seja, através do *back* o usuário passará pelo mesmo caminho em que veio.

Vejamos agora uma breve descrição dos tipos de marcações

oferecidas ao usuário presentes na maioria dos programas de navegação na WWW. Em poucas palavras, o sistema de orientação dos *browsers* resume-se em:

- Cada palavra iluminada, ou de cor diferente, quando "clicada" traz outras páginas da Internet para a tela do computador do usuário; muitas vezes, a presença de *links* é notada quando se passa o *mouse* na tela e surge um ícone indicativo, tal como uma "mãozinha";
- Botão *Back*: Permite que o usuário retorne à página visitada anteriormente;
- *Go Menu*: Lista os itens que o usuário percorreu, as páginas visitadas anteriormente;
- Comando *Go To*: O usuário deve preencher esse campo com o endereço URL do local que deseja visitar;
- *Bookmarks*: Através desse recurso o usuário pode ir listando as páginas que julgou interessantes e às quais deseja retornar. Com a criação de um *bookmarks*, o leitor pode visualizar e ter acesso rápido aos locais que foram marcados.

Cada um desses itens pode ser "acessado" e, com eles, uma lista de locais com seus respectivos endereços estão disponíveis. Vale ressaltar que os *browsers* oferecem ferramentas para que o leitor não tenha que se preocupar demais com o endereço de uma determinada página. Todos esses recursos de marcação fazem com que fiquem personalizados aqueles percursos que o usuário desbravou e julgou interessante "salvar".

Voltando para a questão das portas virtuais dos *browsers*, é interessante notar que as portas são basicamente de dois tipos. No quadro onde se pode escrever o nome do *site* desejado teríamos uma enorme porta, com grande possibilidade de acesso a várias entradas. No entanto, a partir do momento em que inserimos um endereço específico já estamos, a princípio, nos dirigindo a um ponto **x**. Mas o mais interessante, que ocorre com bastante freqüência, é que os construtores de *sites* costumam incluir *links* para outros pontos da rede que tratem de assuntos correlacionados. E com eles podemos nos aventurar em pontos bastante interessantes. Quando a pesquisa se dá através de algum *site* de busca, de algum *search*, essa porta é mais estreita e funciona como uma espécie de filtro. À medida que o usuário inicia sua pesquisa sobre o hipertexto através de um programa de *search* como o *Yahoo*, esse mesmo programa irá buscar a ocorrência do termo em diferentes *sites*, para depois listá-los. Assim, inicia-se a pesquisa por portas específicas. Assuntos relacionados com outros campos do saber, como hermenêutica, por exemplo, seriam barrados pelo filtro de busca. No entanto, sabe-se que quando uma pesquisa adquire um corpo mais transdisciplinar, ela se enriquece. Desta forma, na rede, o pesquisador tem que articular portas: abrindo quando a pesquisa começa a se especializar demais e fechando, em busca de pontos luminosos que o guiem nesse mar tão vasto.

Número ciclomático

Imaginemos um labirinto no qual o viajante entre em um corredor e mesmo sem sair dele encontre suas próprias pegadas, num retorno involuntário ao ponto de partida. Dizemos que um labirinto contém ciclos se este apresentar corredores que, quando percorridos uma só vez, possibilitem ao viajante passar sobre os próprios passos.

Os ciclos desempenham um papel psicológico bastante forte. Uma vez que se tornam local de um retorno reincidente, os ciclos podem amalgamar a circulação em espaços públicos. Para o viajante, por sua vez, essa possibilidade de reencontro com uma encruzilhada conhecida cria um laço ou polígono fechado em seu percurso.

Em oposição aos labirintos com ciclos, existem os arborescentes. Como característica distintiva, pode-se dizer que os labirintos com topologia do tipo árvore apresentam ramificações e não apresentam ciclos. Numa primeira análise, parece que o labirinto do tipo árvore também oferece ao peregrino a possibilidade de rever seus próprios passos. Porém, existe uma diferença básica entre os dois tipos. No labirinto com ciclos, o viajante reencontra uma encruzilhada conhecida ao cruzar os próprios passos, enquanto no labirinto do tipo árvore o percurso se dá de forma inversa, e o andarilho tem que obrigatoriamente voltar sobre os próprios passos. Isso se dá porque o traçado do labirinto arborescente apenas encerra seus limites em um ponto cego. O retorno é, então, inevitável. Já no caso dos ciclos, o viajante encontra uma encruzilhada conhecida após percorrer um corredor até então desconhecido. Ou seja, ele encontra algo familiar, porém através de um outro caminho.

O retorno exigido pelos labirintos do tipo árvore, por sua vez, é diferente. Nada impede, porém, que o viajante queira seguir a *regra de Trémaux* (1882), segundo a qual os ciclos deviam ser considerados como os *cul-de-sac*, (becos sem saída), das árvores. Muito embora essa regra seja aplicável, não se trata aqui, voltamos a insistir, de uma arborescência. Essa regra propõe um estratagema. Porém, continuamos a ter um ciclo e, como tal, um caso bem diferente de uma ramificação.

Em sua tese de mestrado sobre a cidade de Vitória, Martha Machado Campos (1994) faz uma distinção entre as cidades naturais, que vão crescendo aleatoriamente criando percursos labirínticos, e as cidades planejadas racionalmente, com um traçado mais geométrico e menos confuso. Embora possamos sonhar e até mesmo planejar um traçado regular para as cidades, historicamente se sabe que estas irão criar contornos e aglomerados não-lineares e, algum tempo depois, uma outra estrutura, mais nodular e não tão rigorosamente planejada, irá se delineando, criando um traçado sobre o desenho prévio, um mapa das organizações vivas que foram se formando com o decorrer do tempo. Tal fenômeno pode ser observado em cidades como Nova York ou Brasília. Sabe-se que em Nova York, por trás da perpendicularidade de suas ruas, escondem-se áreas nada geométricas onde diferentes grupos sociais e culturais estabelecem seus territórios. À medida que esse outro mapa foi sendo formado, o traçado racional ficou como apenas uma referência bastante óbvia de que após a rua 15 vem a rua 16. Só o percurso pelas ruas da cidade é que a verdadeira Nova York se revela. Nada racional ou óbvia... Mas sim, um labirinto com recantos diversos.

Enfim, o exemplo de Nova York é apenas um, dentre muitos, onde se pode constatar que o traçado das cidades se constitui de uma série de ciclos. Isso pode ser melhor observado em cidades onde o crescimento se deu de uma forma natural e desordenada. Pequenas cidades medievais eram verdadeiros labirintos, repletos de becos sem saída e caminhos que nunca davam onde se esperava. Veneza, Luca, o centro de São Paulo, caminhos e descaminhos, sensação de se estar perdido, ruas que nos trazem de volta à praça principal. Este parece ser o desenho que naturalmente se forma em cidades não planejadas.

Volto a insistir sobre a questão dos ciclos. Uma cidade de malha muito irregular comporta diversos ciclos. Um ciclo acontece quando sentimos a angústia de perceber estar no mesmo local, porém advindo de um local diferente. É como se estivéssemos dando voltas. Isto ocorre com freqüência quando se pesquisa na Internet. Imaginemos uma pessoa que inicie sua pesquisa através de um programa de busca múltiplo tal como o *MetaCrawlwe Search*[2]. Lá,

2) O *MetaCrawler* é uma ferramenta de busca que rastreia os principais sistemas de busca, entre eles o *AltaVista*, o *Yahoo*, o *Excite*, etc. Dessa forma, os resultados aparecem listados primeiro de acordo com os programas de busca que foram consultados. O *MetaCrawler* é, portanto, um programa de busca dos programas de busca.

após pedir um *search* sobre o termo *Hypermedia*, fica sabendo de um congresso, o *"The Seventh ACM Conference on Hypertext"*[3]. Ao entrar na *home page* desse congresso, essa nossa personagem fictícia visita um *site* com os resumos dos trabalhos. Por fim, encontra um texto de Jim Rosemberg que ela havia descoberto outro dia ao pesquisar sobre exposições de arte virtuais, citado por Randall Trigg.

Para prosseguir nessa investigação sobre a labirintologia, veremos mais um conceito bastante útil no estudo da complexidade, o número ciclomático. O número ciclomático **k** é o resultado da seguinte operação:

k = número de corredores - número de encruzilhadas + 1

O número ciclomático é extremamente importante para o exame da complexidade do labirinto em questão. No caso do labirinto inglês de Hampton Court, por exemplo, **k** é apenas **1**. Presume-se que o Palácio de Cnossos tenha um número ciclomático de muitas dezenas. Isto faz com que o viajante se sinta totalmente desorientado.

Pensemos mais uma vez nos *browsers*. Com o objetivo de estudar as portas de entrada presentes nesse tipo de programa, farei distinções entre a natureza de cada uma delas. As portas, enquanto figuras do imaginário, relacionam-se intimamente ao labirinto. Toda porta carrega consigo uma natureza ambígua. A porta é a síntese da chegada e da saída, do aberto e do fechado. Algumas portas são totalmente independentes do viajante, existem como ferramentas de navegação prontas e disponíveis, que denominarei do tipo **A**, ou *portas generalizadas*. Outras só existem a partir do próprio ato de percorrer a Web, as do tipo **C**, e são, dessa forma, portas criadas pelo leitor. Algumas são criadas num ponto intermediário, através das escolhas do usuário, bem como de configurações preexistentes, que chamarei de tipo **B**. Neste último caso, os limites entre o desejo do usuário e as generalidades se mesclam e não se pode falar com clareza quanto a uma distinção. Porém, e mais importante que isso, neste caso estamos falando de dados gravados em disco. Já, no caso das portas criadas no próprio ato de percorrer, as do tipo **C**, elas são pura virtualidade e o labirinto criado é tão individual e impermanente que, mesmo para o próprio viajante, é impossível refazê-lo.

---

3) O congresso citado, *"The Seventh ACM Conference on Hypertext"* é um dos mais importantes eventos de discussão conceitual sobre hipertexto. Em 1996 foi sediado em Washington.

CAPÍTULO 5
OS TRÊS LABIRINTOS

A arquitetura

A impressão mais forte que fica quando se passa pela experiência de construir um sistema hipermidiático é a de que se está lidando com um trabalho de arquitetura. Arquitetura no sentido complexo do termo. Por um lado, percebe-se que é preciso montar um projeto bem estruturado. Por outro, a natureza do espaço a ser edificado não pertence à esfera da fixidez. Com o objetivo de refletir sobre o caráter desse espaço vivo e mutante, veremos um pouco o conceito de arquitetura no Oriente.

A arquitetura oriental é planejada tendo em vista transformações constantes de seus ambientes. Assim, os espaços são pensados como módulos articuláveis, vivos, que permitem e facilitam alterações. Paredes inteiras de papel deslizam e criam espaços amplos ou redutos de recolhimento. Nesse sentido, a casa é um ente com uma vida própria, um ser vivo que se comunica, se expande e se retrai de acordo com os movimentos sociais, culturais e individuais daqueles que a habitam e a visitam. A arquitetura biológica oriental não é fechada. Isto significa que existe uma relação íntima entre a construção e o ambiente, a natureza que a circunda. Em qualquer lugar da casa, o mundo nunca está totalmente fora dela. Além disso, as construções tradicionais japonesas não têm trancas. Nesse sentido, vale lembrar que, no Ocidente, o arquiteto Frank Lloyd Wright desenvolveu o conceito de arquitetura orgânica (1954:183-187). Grande pesquisador e estudioso da arquitetura oriental, Lloyd Wright propôs construções inspiradas em formas orgânicas e em comunhão com o meio ambiente.

Vejamos alguns paralelos entre arquitetura orgânica e espaços hipermidiáticos. Dois pontos devem ser evidenciados: primeiro, a necessidade de se construir um projeto bem organizado; segundo, o espaço deve ser concebido como algo mutável e flexível. Ou seja, existe uma ordem, uma hierarquia a ser seguida e ela deve ser respeitada. No entanto, a construção deve permitir articulações, desdobramentos, redimensionamentos.

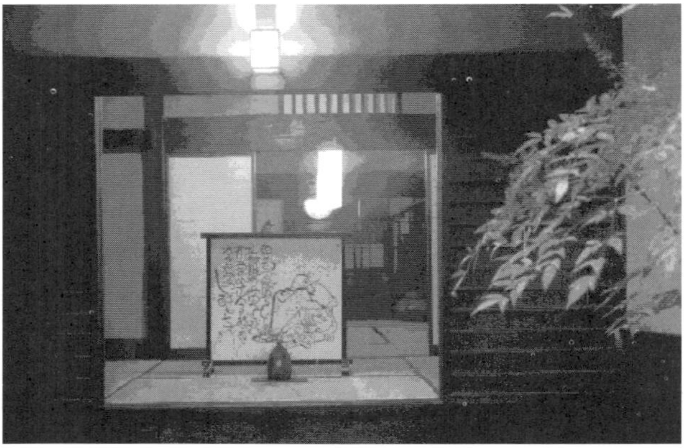

Figura 41
Imagem de uma construção oriental. Pode-se ver que as paredes são móveis e articuláveis. Isso confere à arquitetura um caráter mutante e maleável.

A arquitetura da cibercepção

Roy Ascott, artista interdisciplinar (um dos pioneiros em arte telemática[1]), professor e crítico de arte, autor de dezenas de textos sobre novas tecnologias, propôs um outro tipo de metáfora para se pensar a arquitetura. Seguindo a mesma linha de pensamento que acabamos de ver, ele afirma que precisamos substituir a idéia de projetos monumentais pelo conceito de semeadura. Ascott nos fala que devemos observar os microsistemas vivos, a horticultura, as sementes se desenvolvendo.

Segundo Ascott, o problema da arquitetura ocidental é que ela se interessa demais pela aparência, por superfícies e estruturas fixas (1994). Em suas palavras, por uma "arrogante edificialidade"

1) Denomina-se *arte telemática* trabalhos artísticos que exploram o potencial estético e poético das redes de comunicações.

(*edificiality*). Ou seja, este tipo de arquitetura quase não se preocupa com a necessidade humana de transformações. Falta à arquitetura ocidental a qualidade de ser um sistema transformativo, isto é, a possibilidade de se transformar e se adequar às exigências da vida.

As interações — perceptivas e cognitivas — que exercemos com o advento das redes de hipermídia, nos levam a redefinir o próprio conceito de identidade e presença. Onde estamos quando navegamos na WWW? Com as redes, estamos vivendo a experiência de habitar dois mundos (o real e o ciberespaço) ao mesmo tempo. De acordo com Ascott, talvez as radicais transformações que o conceito de arquitetura está sofrendo advenham de conseqüências da telepresença. Quando falamos em telepresença, criamos com isso um novo sentido de *self*, no qual cada um de nós é formado por muitos *selfs* que estão disseminados, espalhados por muitas partes da rede. Com isso, o conceito de indivíduo é substituído pelo conceito de interface. Telepresença é "a provícia do *self* distribuído, dos encontros remotos no ciberespaço, da vivência *online*".

Ascott nos fala da emergência de uma nova faculdade, ao mesmo tempo humana e pós-biológica, a "cibercepção" (*cyberception*). Esta faculdade envolve a capacidade de perceber e habitar o ciberespaço. Ao exercermos nossa capacidade de "cibercepção", passamos a ter uma posição dupla, presença paradoxal, pois estamos "aqui e potencialmente em qualquer outro lugar". Além disso, o termo *habitar*, tal como é empregado por Ascott, implica interagir e deixar marcas da nossa presença no ciberespaço.

Enfim, quando pensamos a arquitetura da hipermídia, nosso modelo deve estar nas formas naturais, nas sementes germinando, em constante movimento e mutação. Caso contrário, não será possível construir um espaço para ser habitado. Ao artista, arquiteto das redes, cabe o papel de agricultor, o que espalha sementes para que elas germinem.

Seguindo protocolos: os endereços da WWW

Pensemos agora nos endereços da WWW. Em geral, eles obedecem ao seguinte formato:

http://www.pucsp.br/~cos-puc/interlab

Traduzindo:

http:// (Hipertext Transfer Protocol ou protocolo de transferência de hipertexto);
www: (World Wide Web);
pucsp: nome da empresa ou instituição que mantém o serviço;
br/: indica que o endereço é no Brasil;
~cos-puc: indica o departamento pertencente à instituição citada anteriormente, no caso, o departamento é Comunicação e Semiótica.
interlab: nome de uma seção do departamento de Comunicação e Semiótica.

Como se pode ver, existe um protocolo que deve ser seguido: primeiro deve-se indicar a instituição, o país a que essa instituição pertence e em seguida o departamento. Caso esse departamento tenha ainda outras seções, e se queira especificar, esses dados deverão vir em seguida, gerando um endereço assim:

http://www.pucsp.br/~cos-puc/interlab

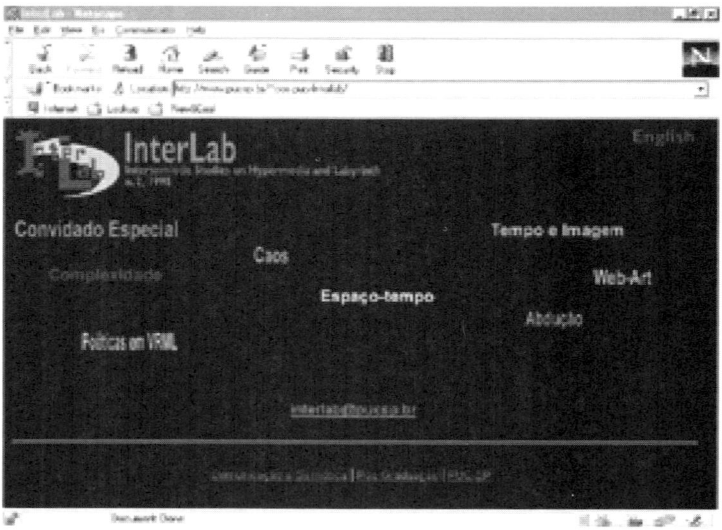

Figura 42
Imagem da página de abertura da revista eletrônica InterLab. Pode-se ver o URL completo na caixa de endereço.

A mobilidade dos espaços se consegue com a utilização de elos entre as partes de um mesmo documento ou entre diferentes documentos. Quanto mais elos um documento oferecer, mais mobilidade é potencialmente possível. Porém, esse tipo de amarração tem gerado um outro problema: uma construção baseada em uma multiplicidade de lexias. A exploração do espaço computacional mediante fragmentos atomizados cria uma percepção também fragmentada. É como se tivéssemos um imenso espaço diante de nós, mas só pudéssemos acessá-lo por meio de pequenos recortes de cada vez. Na WWW, a situação é ainda mais gritante. O espaço que estamos acessando na Web é, de certa forma, compartimentado, fechado em blocos. Não conseguimos perceber um espaço que cresce e se desdobra, não podemos perceber as passagens, as transformações.

A "escrita topográfica"

O computador nos oferece um espaço dilatado para a escritura, que se propaga em diversos sentidos, "multidimensional", sem limites predefinidos. O simples processador de texto já permite bastante mobilidade. Dilatar um parágrafo, diminuir um capítulo, aumentar uma nota de rodapé, por exemplo, são tarefas elementares, corriqueiras. Se compararmos com a escrita em um caderno, tais procedimentos exigiriam muito mais trabalho, pois a ampliação dos limites do papel implica uma alteração material do espaço.

O hipertexto permite, como já foi mencionado diversas vezes, que diferentes partes do documento estejam conectadas. É bastante comum, em livros técnicos, a recomendação de se construir a hipermídia a partir de blocos sintéticos de texto. Além disso, alguns teóricos sugerem que esses blocos devam ser construídos dentro do limite da tela do monitor. Isto tem favorecido o surgimento de um tipo de hipertexto com uma estrutura muito semelhante a uma enciclopédia ou dicionário (baseados em verbetes).

Pensando a respeito dessa fragmentação em tópicos, Bolter (1990) construiu uma reflexão sobre a natureza dessa escrita. Para Bolter (1990:114), o hipertexto é uma "rede de elementos simbólicos interconectados interativamente". A "escrita topográfica", por sua vez, é aquela na qual se divide o texto em unidades, os tópicos, de tal forma que se possa, num outro momento, organizar essas unidades numa estrutura coerente. Além disso, na opinião de Bolter, a escrita sempre se deu através de tópicos:

> Com ou sem computador, sempre que escrevemos, o fazemos em tópicos. Nós concebemos o texto como um conjunto de gestos verbais, grandes e pequenos. Escrever é trabalhar com tópicos — acrescentar, deletar e arranjá-los. (Bolter, 1990:105)

Em seu interessante artigo, Bolter (1990) defende a idéia de que escrever sempre foi algo espacial. Isso porque "nós só podemos ver e compreender os signos se eles estiverem dispostos num espaço de pelo menos duas dimensões". O hipertexto, por sua vez, nos oferece um método de exploração visual e conceitual do espaço de escritura (*writing space*) apresentado para nós pela tecnologia do computador (Bolter, 1990:105). A "escrita topográfica" problematiza a questão da hierarquia:

> Em lugar de hierarquias, nós temos uma escrita que não é apenas tópica: nós podemos chamá-la também de "topográfica". A palavra "topografia" originariamente significava uma descrição escrita de um lugar, tal como um antigo topógrafo poderia fornecer. Mais tarde, a palavra começou a se referir ao ato de desenhar ou fazer um mapa — isto é, a uma descrição visual e verbal. Não é a escrita de um lugar, mas, mais propriamente, uma escrita com lugares, com tópicos concebidos espacialmente. (Bolter, 1990:112)

Bolter nos lembra que a escrita topográfica não se limita ao meio digital. Toda vez que dividimos nosso texto em tópicos e organizamos essas unidades numa estrutura interconectada, ou então toda vez que concebemos nossa estrutura como diagrama no espaço, estamos escrevendo topograficamente. *Topos* vem do grego e significa "lugar". Na escrita a ser impressa, a estrutura topográfica é indicada através da divisão em parágrafos, capítulos, etc. Podemos visualizar esta estruturação através de um sumário ou índice analítico. As redes associativas presentes no texto podem ser encontradas no índice remissivo.

Como vimos até agora, um dos grandes problemas da estrutura hipertextual é que ela se monta a partir de fragmentos. O maior desafio é propiciar ao leitor a possibilidade de articular esses tópicos, de constituir um corpo. Tecnicamente falando, é preciso amenizar a separação entre as diversas lexias. Isto é, procurar escrever lexias que se liguem naturalmente a outras, de tal forma que a interconexão surja de dentro para fora, constitutivamente. Os *links* deveriam ser o mais invisível possíveis e funcionariam como elementos naturais de encadeamento e não como "pontes" artificialmente colocadas. As pontes, ao mesmo tempo que unem, separam e evidenciam distâncias entre as duas margens. Estas distâncias não existem materialmente no computador, então, por que criar separações? Não seria melhor oferecer a malha, a trama? No tecido, sempre é possível puxar um fio específico.

> Nós precisamos entender melhor as maneiras pelas quais os *links* e os caminhos podem agenciar formas e figuras (intermediar relações entre a lexia e o documento todo) ao se associar aos estados internos das lexias individuais. Nós precisamos entender como escrever as lexias individuais, de tal forma que elas possam ser claramente permeáveis a essa influência. (Kolb, 1993:336)

Duas personagens: o arquiteto e o viajante

O labirinto nos propicia experiências distintas e complementares. Através de olhares e percepções diferentes, o labirinto do arquiteto e o labirinto do viajante dialogam e se diferenciam. Rosenstiehl (1988:252) nos oferece pistas valiosas quanto às *sutilezas* e características dessas duas personagens. Conforme seu texto, existem três traços distintivos entre a postura do viajante e a do arquiteto. O primeiro ponto seria o fascínio que o labirinto exerce. "O labirinto responde a um apetite de descoberta; a sua exploração é o arquétipo do espírito de investigação". Segundo, o peregrino percorre o labirinto sem mapa, "à vista desarmada". Ele não tem como se prevenir do que lhe espera pela frente. O único recurso com que o viajante pode contar é o de verificar as marcas, os vestígios que deixou em suas passagens anteriores. E, finalmente, "longe de se entregar ao acaso, o viajante faz cálculos em cada encruzilhada". Com essa frase, Rosenstiehl está afirmando que o andarilho não caminha ingenuamente, mas que sua trilha é impulsionada pelo desejo de penetrar o labirinto, de conhecer suas esquinas e recantos escondidos. Dessa forma, o caminheiro exercita sua inteligência, desenvolve sua *métis*, como diriam os gregos...

Na opinião do labirintólogo Rosenstiehl (1988:251), quem verdadeiramente faz o labirinto não é o seu construtor, mas sim o viajante, "quando este, sem mapa, sem a visão global da construção, o percorre, passo a passo". Em outras palavras, o labirinto só passa a existir como tal, como construção da complexidade, na medida em que alguém o penetre e o percorra. Para o seu construtor, que tem a visão global do projeto, que tem o mapa, o labirinto não se impõe como metáfora do obtuso, do complexo. Para seu arquiteto, o labirinto é finito. Para o viajante, por sua vez, devido às similitudes das encruzilhadas, aos caminhos aos quais retorna mesmo sem querer, o labirinto se apresenta como infinito.

Traçando um paralelo com o viajante do ciberespaço, vemos que ele, ao penetrar na Internet, tem diante se si tantas opções de portas de entrada quanto inúmeras possibilidades. Pode permanecer num mesmo *site* ou ir saltando para outros interligados ao seu endereço inicial. É humanamente impossível percorrer todos os *sites* da rede internacional. No entanto, cada um desses *sites* foi criado e concebido por mentes humanas, dentro de um princípio de finitude.

O olhar panorâmico & o olhar local

Quando se experimenta desenhar um labirinto clássico, percebe-se nitidamente as diferenças nas posturas do arquiteto e do viajante, do olhar global para o olhar local[2]. O fato de desenhar um labirinto não significa conhecê-lo em suas entranhas. É bastante curioso, mas percebe-se que, enquanto estamos desenhando o labirinto, apesar de termos a visão global de seu traçado, não o conhecemos de fato. Só no momento em que passeamos por suas circunvoluções, só quando adentramos em seus caminhos, é que podemos afirmar que vivenciamos o labirinto. A experiência labiríntica é a experiência daquele que penetra, *penetralias.* Benjamin tem um trecho bastante interessante no qual reflete a respeito de dois tipos de olhar: o olhar daquele que caminha a pé por uma estrada e o olhar daquele que a sobrevoa de avião.

> O poder de uma estrada de campo é diferente quando alguém está andando por ela ou a está sobrevoando de

2) Ver a construção do labirinto clássico no Capítulo 4, item *Labirintos sem bívios.*

> aeroplano. No mesmo sentido, a força de um texto lido é diferente da força de um texto copiado. O passageiro do avião vê somente como a estrada atravessa a paisagem, como ela se desdobra, de acordo com as mesmas leis do terreno que a circunda. Apenas aquele que caminha na estrada a pé aprende sobre as forças que a comandam e como, de cada cenário — que para o que voa é apenas um plano aberto — surgem aos olhos do caminhante: distâncias, belvederes, clareiras, perspectivas... (Benjamin, 1978:66)

Hofstadter (1979:371), ao discorrer sobre as estruturas de rede, aponta algumas distinções quanto às propriedades locais e globais. Segundo ele, as propriedades locais exigem um observador próximo, que veja um vértice por vez. Já as propriedades globais solicitam uma visão "vasta", que não se limite a detalhes. A forma total da rede é uma propriedade global.

Existe uma discussão bastante complexa quanto aos procedimentos locais e esse debate está relacionado a estudos de autômatos celulares. As soluções locais exigem procedimentos que advêm de informações recolhidas localmente. A resolução apontada por Euler para o problema das pontes de Königsberg e a referente aos movimentos do cavalo no tabuleiro de xadrez são exemplos já históricos de soluções locais. Vejamos o caso do cavalo. O problema levantado seria em resumo o seguinte: como movimentar o cavalo de forma a passar apenas uma vez só pelas casas do tabuleiro. Até então, este problema havia sido tratado como um problema global, baseado no tabuleiro como um todo, como uma "planta", (Rosenstiehl, 1988:271). A solução local indicada por Euler implica observações recolhidas com "miopia", isto é, olhando só de perto, com "vista curta". Conforme Rosenstiehl (1988:271), a regra diz: "colocar sempre o cavalo na casa donde domina o menor número de casas ainda não visitadas". Ou seja, as decisões quanto aos movimentos a serem dados com o cavalo derivam de informações obtidas segundo o olhar local, isto é, renuncia-se à visão do tabuleiro como um todo.

Vejamos agora o problema das pontes de Königsberg tratado por Euler. Na cidade de Königsberg havia sete pontes sobre o rio Pregel. Pergunta-se a Euler se era possível percorrer todas as pontes uma só vez.

Segundo Rosenstiehl (1988b:284), o problema das pontes de Königsberg relaciona-se com o da "exploração completa das redes": "Uma rede é constituída por pontos e por linhas finitas entre esses pontos, dadas abstratamente ou inseridas num espaço qualquer". Como exemplos de redes, pode-se citar as linhas aéreas, as linhas telefônicas, a WWW, etc. Vários problemas têm sido propostos com relação às redes, entre eles as maneiras de se explorar todos os pontos, ou de se evitar a repetição de pontos anteriores. Euler demonstrou matematicamente que o problema das pontes era insolúvel.

Um outro exemplo citado por Petitot (1988a:12) diz respeito à própria enciclopédia Einaudi, na qual está inserido seu texto. Esta enciclopédia tem uma orientação "lógico-semântica". Os artigos contidos se assemelham a pacotes com "contornos mais ou menos definidos" que dialogam com outros da coleção. No final de cada artigo, há um breve resumo com indicações de outros artigos (pertencentes à coleção) relacionados ao tema tratado. Petitot pergunta: "qual é o tipo de estrutura global que a enciclopédia oferece?". Segundo ele, o espaço global da enciclopédia não é representável. Só podem ser representados os "campos locais". Para ele, nenhum gráfico pode representar a complexidade existente em uma rede polidimensional com características topológicas como a enciclopédia Einaudi, pois "o universo semântico é só localmente codificável" e "estados globais são dinâmicos, flutuantes" (Petitot, 1988a:14). Tal fato é também observável dentro da própria textura dos artigos. Rosenstiehl (1988:271-272), por exemplo, finaliza seu artigo sobre labirintos afirmando que:

> (...) aparece uma classe geral de "problemas labirínticos". São problemas de redes, resolvidos com miopia (...) Uma rede, dotada assim de meios de cálculo em todos os pontos — que convém minimizar para um problema dado —, é um sistema acentrado (...) O labirinto é a problemática da troca local dos sinais suficientes para dar coerência ao todo. Somos desviados para as formas naturais acentradas, os rizomas (...) o sistema nervoso central, os formigueiros e as sociedades humanas espontâneas.

Vejamos como fica a questão dessas duas visões (olhar panorâmico e olhar local) em relação aos sistemas hipertextuais. No labirinto da WWW, o problema da representação de sua estrutura global envolve as dificuldades referentes às suas proporções gigantescas. Pesquisas têm sido feitas com o intuito de promover uma visualização do espaço da Web, porém, isso ainda é algo restrito e envolve a utilização de realidade virtual (VR). Com relação às propriedades locais, a situação se simplifica. É possível representar os *links* que saem de um *site* específico, ou seja, mapear a rede que se forma localmente em volta de um endereço.

Alguns aplicativos de CD-ROM costumam incluir esquemas gerais e *overviews*, com o objetivo de oferecer ao seu leitor o olhar global[3]. Nos casos em que o aplicativo tenha sido construído de uma forma hierárquica, esse mapeamento pode ajudar bastante. Contudo, em vários outros, o resultado visual criado pela trama de nós interligados é uma rede tão complexa e emaranhada que não auxilia muito. O programa *Storyspace*, por exemplo, apresenta o recurso de esquema estrutural apenas na versão autor, isto é, para aquele que está programando o sistema. Na opinião dos autores desse programa, o plano global, bastante confuso, não facilita em nada a navegação. Dessa forma, o leitor de um título escrito com esse programa não tem como visualizar o plano geral.

Quando não se pode contar com esses recursos de visualização, devemos nos lembrar que Teseu, quando estava dentro do labirinto, também não os tinha. Em muitos casos é até melhor não dispor desse olhar do todo. Vejamos o caso de Teseu: como ele não dispunha de informações advindas de uma visão global, ele não pôde procurar uma solução hierárquica. Foi necessário utilizar procedimentos locais para realizar sua exploração. Como toda solução acentrada, os recursos locais exigem uma "sincronização gradual", pois o explorador não conhece sua posição "real" na rede como um todo (Petitot, 1988).

As narrativa míticas parecem absorver plenamente a ambigüidade dos dois olhares. Dédalo, por exemplo, passará por experiências distintas. No primeiro momento, será o construtor do labirinto, a mente engenhosa que o concebe e, portanto, conhecedor de sua totalidade. No segundo momento, é Dédalo quem ensina a Ariadne o estratagema do fio, o mesmo que libertará Teseu. Porém, em um outro ponto da narrativa, Dédalo será prisioneiro da própria obra e, sem conseguir achar a saída, terá que desenvolver asas... Françoise Frontisi-Ducroux (1975) tem um profundo estudo sobre esse aspecto duplo e contraditório da personalidade de Dédalo. Segundo sua pesquisa, a dualidade de Dédalo se expressa na conjunção de aspectos como malfeitor & benfeitor, construtor & viajante... Teseu consegue sair do labirinto, pois, com a ajuda do fio, conseguiu não ver o labirinto em sua totalidade. Dédalo, que conhecia toda a sua grandeza, não pode se beneficiar desse estratagema. Sua mente conhecia o labirinto como uma complexidade. Para Dédalo, foi impossível não ver, foi impossível pensar apenas nas inferências locais, foi impossível se separar do global, da totalidade...

---

3) Ver discussão sobre mapas e *overviews* no Capítulo 1, item *Alguns estudos de casos.*

Leituras e leituras...

O termo "leitura" tem sido empregado nas discussões sobre hipertexto para designar a atividade daquele que interage com o sistema. O sentido desse termo, importado do universo da escrita, deve ser ampliado para esta discussão. Segundo pesquisas em Ciências Cognitivas, os textos hipermidiáticos exigem de seus leitores dois tipos de habilidade. A já conhecida habilidade de compreender um texto convencional continua sendo básica. Mas, além disso, o leitor deve adquirir habilidade de "navegar" pelo espaço multidimensional do sistema.

Existem três tipos de estratégias diferentes de leitura, quer estejamos nos referindo a textos impressos ou a hipertextos (Dillon, 1996:30). O primeiro tipo de leitura tem uma natureza linear, ou seja, segue-se do começo ao fim do texto, parágrafo ou sentença. Uma segunda estratégia de leitura é aquela na qual atravessamos o texto em busca de alguma informação específica. Isto ocorre quando queremos conferir uma referência, ou achar uma explicação determinada. Esse tipo de leitura é comum quando se utiliza um manual explicativo ou uma enciclopédia. Uma outra maneira de ler envolve o *browse*. É uma leitura que se faz sem um plano predeterminado, com movimentos rápidos dos olhos e das páginas, saltando por diferentes tópicos. Este é o tipo de leitura que fazemos ao folhear o jornal. O jornal é concebido graficamente para ser aberto, desdobrado. Na movimentação visual que fazemos somos fisgados pelas manchetes de nosso interesse, enquanto passamos rápido por outras que nos tocam menos.

A leitura do tipo linear continua existindo mesmo no caso de acontecer através de um monitor de computador e em se tratando de um trabalho hipermidiático. Isto porque "ler uma sentença continua a ser uma atividade linear, mesmo que as informações advindas dos movimentos dos olhos indiquem que exista ao mesmo tempo alguma atividade não-linear" (Dillon, 1996:30).

Três personagens na WWW

Vejamos agora três estilos diferentes de percorrer a WWW. Para descrever essas atitudes, imaginemos três personagens distintas.

Nossa primeira personagem, assolada por uma curiosidade vertiginosa, ficou impressionada, maravilhada e logo em seguida horrorizada. Num misto de cansaço e vazio, não trouxe consigo nada de frutífero dessa jornada. Nossa segunda personagem, "diretiva", não quis arriscar muito, não quis ter problemas. Já sabia o que iria procurar e foi direto ao assunto, não se deixando seduzir por *links* associativos que poderiam desviá-la do caminho. A "diretiva" desconectou-se da rede tranqüila, satisfeita, mas com uma certa dúvida: será que não poderia ter ido direto a uma enciclopédia comum? Já o nosso terceiro caso, que denominaremos Odisséia, requer uma personagem mais sofisticada. Apesar de ter limitado sua pesquisa a uma hora de navegação, Ulisses passou por provas difíceis. Ulisses tinha um interesse específico, mas queria também se informar sobre as novidades que seu assunto trazia. Havia muita coisa interessante que se relacionava ao seu assunto principal e Ulisses soube se aventurar rapidamente em cada um dos *links*. Sem perder tempo com *sites* sque não interessam, sem tampouco pretender absorver tudo profundamente numa primeira lida, nosso navegante soube colher as sementes que depois trariam os frutos de sua pesquisa. Pode-se ver claramente que Ulisses enfrenta pelo menos três problemas básicos: o de "acessar" e conseguir encontrar a informação desejada; o de selecionar as mais relevantes; e, finalmente, o de organizar os dados de uma forma clara.

Daqui para frente vou focar nossa discussão nos passos dessa terceira personagem. Como vimos, a primeira grande virtude de Ulisses foi saber se locomover pelo labirinto gigantesco da WWW sem se demorar em passagens inúteis, sem se deixar seduzir pelo canto das sereias, passando rápido por becos sem saída. Outro ponto importante foi o fato de Ulisses manter claro para si, o tempo todo, quais eram seus objetivos. Em labirintologia matemática, prefere-se o termo "alvo" (*goal*) em vez de saída. Existem vários tipos de labirintos nos quais o que se pretende alcançar não é a saída (podendo ser o centro, ou outro ponto qualquer). Existem até mesmo labirintos que são construídos apenas como locais agradáveis de serem visitados, sem propor qualquer enigma para seu viajante, como, por exemplo, o labirinto de Versalhes. Este labirinto não se apresenta como uma prisão da qual queremos fugir, mas sim como um espaço repleto de recantos a serem descobertos. No labirinto de Versalhes existem jardins com esculturas que ilustram fábulas de Esopo. Caminhar por suas alamedas, visitar seus nichos escultóricos é como estar ouvindo histórias.

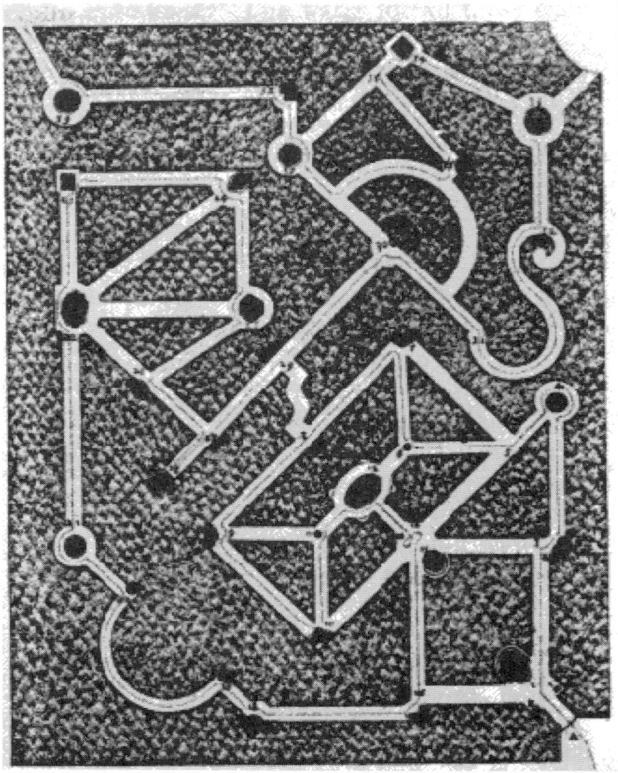

Figura 43
Planta do labirinto de jardins em Versalhes. Este labirinto não se apresenta como uma prisão, mas sim como um espaço repleto de recantos a serem descobertos.

Mas, voltando a Ulisses, nosso herói viajante da Internet, precisa concentrar-se em sua missão inicial. Isto, no entanto, não significa que não deva ousar e investir em travessias a outros nós da rede. Ao contrário, sua atitude de pesquisador exige que ele mantenha esse foco central forte o bastante para não se perder, mas a intuição aguçada e viva o suficiente para ir tecendo uma trama mais complexa que a executada pela personagem "diretiva". Essa intuição permite que Ulisses decida, diante de uma lista de mais de mil *sites* que o programa de busca ofereceu sobre seu tema de pesquisa, qual o caminho a seguir.

Num segundo momento, Ulisses deve desconectar-se e,

reencontrando suas sementes, rever sua colheita. Talvez, essa seja a tarefa mais delicada. Tal como um jardineiro, Ulisses deve cortar sem dó aquilo que não é indispensável. Mas, antes disso, como rever e reorganizar a informação?

Ulisses irá agora construir seu terceiro labirinto, pois, como já foi dito em outro momento, existe um labirinto enorme, que seria a própria Web. Quando o viajante o percorre, seus passos e suas escolhas por entre encruzilhadas estão desenhando um segundo labirinto. No momento de rever as informações *off-line*, Ulisses irá construir o seu terceiro labirinto. Este labirinto é muito importante para Ulisses, pois é o fruto de seu trabalho, a colheita...

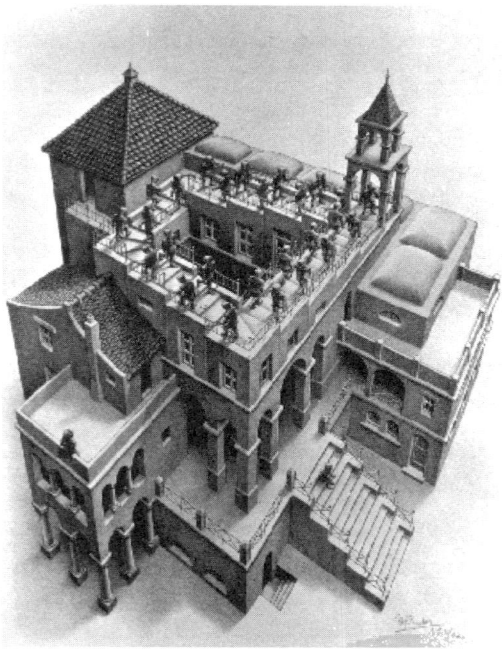

Figura 44
Ascending and descending, litografia de Escher, 1960.

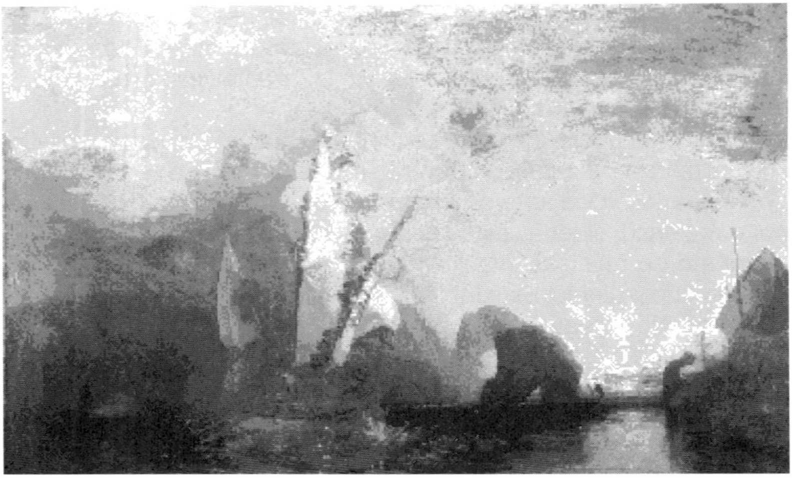

Figura 45
Ulisses deriding Polyphemus, pintura de Turner, 1818. Na Internet, o herói da Odisséia é aquele que sabe se aventurar por diversos *links*, sem perder tempo com *sites* que não interessam, sem tampouco pretender absorver tudo profundamente numa primeira jornada.

A metáfora da navegação

A metáfora da navegação encontra-se constantemente associada à atividade daquele que interage com um sistema hipertextual. Toda vez que se flagra uma imagem metafórica tão fortemente impregnada de algum fenômeno, é importante que se faça um exame crítico.

Navegar, em linhas gerais, é a arte de encontrar um caminho que leve de um local a outro. Até o início de nosso século, o termo navegação era usado apenas para se referir à habilidade de percorrer rios, mares e oceanos. De fato, a etimologia da palavra (do latim *navis*, barco e *agere*, mover, se dirigir) revela essa faceta. Nos nossos dias, temos a navegação marítima, aérea, espacial e, além disso, o termo também é usado para as locomoções que são feitas por terra. Para examinar o caráter metafórico da navegação, vamos nos concentrar, sobretudo, na navegação marítima.

Na navegação (que tínhamos até o advento do "ciberespaço") determinava-se a posição em relação ao percurso a ser seguido, através de comparações deste ponto com sinalizações geográficas, luminosas, celestes, eletrônicas, etc. Dois traçados eram necessários para a orientação. Um quadro global, desenhado em escala, representa uma região específica. O segundo vai sendo feito no momento da navegação, em geral, sobreposto ao outro. Neste roteiro, o viajante marca as posições alcançadas, em ordem sucessiva e, a partir desta marcação, uma linha vai sendo formada. Esse desenho indica o curso que o barco foi tomando. Um outro instrumento de navegação é a bússola. Esta indica a direção. Parece que tudo isso, de uma forma geral, fica muito diferente quando se transfere a metáfora para a orientação nos sistemas hipertextuais. Entre as divergências a serem observadas, temos: a questão da existência de uma posição no espaço computacional; o problema do deslocamento; o que vem a ser proximidade e distância, etc.

Vejamos agora um pouco dos sentidos poéticos e inconscientes que essa metáfora nos revela. Num primeiro momento, "navegar" nos remete a imagens como desbravamento, aventura, jornadas, etc. Mas o que está por trás dessas imagens? Comecemos pelo mais simples: para navegar, precisamos de um meio de transporte. Na navegação aquática, pode-se ter barcos, navios, barcas, canoas, jangadas, etc. Farei uma pequena exploração dos significados dessas figuras tão constantemente presentes no imaginário humano.

A barca é uma imagem polissêmica. Em muitas de suas representações, ela adquire uma forma que lembra a lua e, nesse sentido, podemos recuperar imagens tais como os cornos, o fuso e a roca das fiandeiras. Na mitologia egípcia temos a barca lunar de Ísis e Osíris, que é uma embarcação fúnebre. Nesse sentido, a barca dos egípcios se relaciona às navegações psicopompas da mitologia céltica. Bachelard, ao explorar o "complexo de Caronte", nos pergunta se a morte não teria sido o primeiro navegador no imaginário da humanidade (1989:75). O homem pré-histórico parece que não via uma "utilidade" muito forte no navegar que o fizesse escavar uma canoa. Quem terá sido o primeiro marujo?

> Nenhuma utilidade pode justificar o risco imenso de partir sobre as ondas. Para enfrentar a navegação, é preciso que haja interesses poderosos. Ora, os verdadeiros interesses poderosos são os interesses quiméricos. São os interesses com os quais sonhamos, não os que calculamos. São os interesses fabulosos. O herói do mar é um herói da morte. O primeiro marujo é o primeiro homem vivo que foi tão corajoso como um homem morto. (Bachelard, 1989:76)

As narrativas que associam a navegação à passagem para o reino dos mortos nos revelam como o ato de navegar, na mitologia antiga, está associado à descoberta de um mundo desconhecido, distante. O reino dos mortos, mundo do qual nada se sabe ao certo, apenas se especula, assume, em nossos dias, a forma de um mundo ainda novo que vem sendo revelado pelo espaço do computador. Que mundo é esse?

Um outro sentido se revela a partir da imagem da barca. Em narrativas tais como a do Noé bíblico e a de Ishtar, a barca passa a ter a função de salvar a vida de pessoas ameaçadas por uma grande inundação. Agora, a barca se transforma num local de proteção de um cataclismo. Dessa forma, barca e arca se associam, no sentido de grande caixa destinada a guardar roupas, objetos, ou seja, um cofre que contém um tesouro. A arca, então, trabalha simultaneamente a idéia de continente e de conteúdo; de continentes fixos e continentes móveis.

Barthes (1989) explorou magnificamente a idéia de barca enquanto hábitat ao comentar a obra de Júlio Verne. Em Verne, o barco é muito mais um ambiente confortável e seguro do que um meio de locomoção. Nesse navio "verniano", não poderão faltar itens de aconchego como o cachimbo, a lareira e as pantufas. Assim, o navio passa a significar o ovo, o redondo pleno, completo. Barthes (1989:57) nos fala que o "gosto pelo navio é sempre a alegria do enclausuramento perfeito, do domínio do maior número possível de objetos. De dispor de um espaço totalmente finito...". Que alegria e que alívio esse navio nos oferece diante da imensidão de dados, de um "quase" infinito revelado pela WWW. O desejo e o sonho com um barco que navegue na Internet refletem também uma insegurança. É como se quiséssemos nos aventurar e, ao mesmo tempo, nos fechar. Penetrar o imensamente vasto, envoltos pelo claramente limitado. O fechamento que o navio nos impõe fica ainda mais evidente com o fato de que seu interior não pode apresentar fissuras. Por mais forte e robusto que o barco seja, uma única fenda é suficiente para permitir que a água adentre, e para afundá-lo. No entanto, o barco pertence ao território do aquático e sua única razão de ser é percorrer as águas. Observemos como Barthes (1989:56) tocou no ponto crítico da ansiedade que vivemos com o "dilúvio" de informações da Web:

> Verne foi um maníaco da plenitude: não cessava de completar o mundo, de o mobiliar, de o transformar num receptáculo pleno como um ovo; o seu movimento é exatamente

o de um enciclopedista do século XVIII, ou de um pintor holandês: o mundo é finito, o mundo está repleto de materiais numeráveis e contíguos. O artista só pode ter uma função: elaborar catálogos, inventários, perseguindo os ínfimos recantos vazios para neles fazer surgir, em filas cerradas, as criações e os instrumentos humanos.

A estrutura da atividade hipertextual

Jim Rosenberg (1996), em uma comunicação no "*The Seventh ACM Conference on Hypertext*", apresentou um interessante trabalho sobre a estrutura da atividade hipertextual. Para Rosenberg, o leitor do hipertexto, ao percorrer o documento com suas escolhas no ato da leitura, acaba por criar um documento virtual. Isso coincide com a hipótese que apresentei de que o leitor é também o construtor de um labirinto. Farei um breve resumo de suas idéias, pois acredito que ele foi um dos primeiros teóricos do hipertexto a se debruçar sobre o complexo tecido criado pelo viajante.

Rosenberg desenvolveu três conceitos: *actema, episódio* e *sessão*. O *actema* é a unidade básica do hipertexto e corresponde ao ato de se seguir um *link*. Quando o leitor de um hipertexto "clica" sobre uma *hotword*, ele é levado para uma outra parte do documento, ou mesmo para um outro ponto da rede. Esse estabelecimento de um elo, essa atividade de unir dois pontos distintos é o *actema*. O *episódio* é o conjunto de *actemas* que criam uma certa coerência na mente do leitor. A *sessão* compreende a atividade do leitor em sua continuidade. Em geral, a maioria das pesquisas sobre o hipertexto se concentra nos diversos tipos de *actemas*. O interessante no texto de Rosenberg é que ele se propõe a estudar a natureza da atividade desenvolvida pelo leitor e, desta forma, o *episódio* passa a ter mais destaque.

1. Actema

Existem diferentes tipos de *actemas*. O mais conhecido corresponde ao ato de "seguir" um *link*. É possível seguir um *link* através de um "clique" em uma âncora graficamente visível, através de um menu de "títulos-links", ou ainda a partir de um diagrama geral.

O segundo tipo de *actema*, descrito por Rosenberg, corresponde aos mecanismos de ir para trás (*go back*). O viajante de um sistema hipermidiático pode se utilizar desse recurso em sentidos diferentes. Pode, por exemplo, estar querendo desfazer uma ação (*undo*). Pode, por outro lado, estar apenas querendo rever uma página anterior para refletir sobre ela.

Um outro tipo de *actema* é possível. Sistemas baseados em relações de simultaneidade (*Aquanet*, *Intergrams*, etc.) permitem que o usuário tenha na tela diante de si a lexia de onde "partiu" e, ao mesmo tempo, a associação que foi "chamada".

Como já mencionei no Capítulo 1 (*Lexias e links*), os *links* são, de um modo geral, do tipo disjuntivo, isto é, o leitor pode escolher entre A ou B ou C. Neste terceiro tipo de *actema*, é possível ter numa mesma tela A e B e C e... Para esse sistema associativo, metáforas de viagem não são pertinentes. Ou seja, no caso dos *links* disjuntivos o leitor realmente "parte" de um ponto x e "chega" a um ponto y e, dessa forma, quando se diz que se "segue" um *link*, pode-se verificar que isso ocorre literalmente.

2. Episódio

O *episódio* emerge a partir de um conjunto de *actemas* que formam um todo coerente na mente do leitor. No entanto, o simples ato de seguir um *link* ou de ir colecionando *actemas* não é suficiente para criar um *episódio*. Ao contrário, pesquisas em Ciências Cognitivas mostram que a formação desse todo coerente é muito mais difícil na leitura de um hipertexto do que através de um livro impresso. Conforme demonstra Rosenberg (1996:3), num hipertexto baseado no modelo de *links* disjuntivos, o *episódio* pode se constituir de um trecho do percurso, ou do percurso como um todo. Além disso, um mesmo percurso pode gerar *episódios* diferentes. Os *actemas*, em geral, são claramente sinalizados na interface hipertextual. No entanto, a identidade do(s) *episódio*(s) pode não ficar muito clara para o leitor. Quase sempre, a recuperação do trajeto é algo tortuoso (falarei sobre isso no item a seguir, *O labirinto vivido*). Também vale lembrar que é bastante comum encontrarmos *links* infrutíferos, que nos levam a pontos que não nos interessam. Segundo Rosenberg (1996:3), pode-se dizer que o *episódio* acaba se tornando o resultado de uma "combinação do histórico do trajeto através do hipertexto (*hystory*), das intenções do leitor e das impressões que o leitor vai imprimindo ao 'que combina com o quê' (*hangs together*)".

A importância do *episódio* na experiência do internauta é tão grande que se pode afirmar que o sentido de desorientação no ciberespaço advém, em grande parte, de se ter perdido o fio do *episódio*. Rosenberg (1996:4) nos fala que a atividade hipertextual é, de uma forma geral, uma atitude de se perseguir um *episódio*. Muitas vezes, essa busca pode ser uma experiência estética.

O CD-ROM *Ovum*, do grupo Proyeto B, pode ser visto como uma tentativa de explorar essas potencialidades. O leitor já se sente perdido logo no início do aplicativo, pois cada uma das "páginas" tem um tipo de interface gráfica diferente e o sistema de navegação está oculto. Depois de algumas investidas sem sucesso, percebemos que é possível, senão dominar a navegação, pelo menos mudar de cena. Na página em que se vê uma espiral vermelha, por exemplo, aparece uma série de letras se movendo. Quando conseguimos formar uma palavra (nexo, por exemplo) aparece um vídeo. Depois de alguns minutos navegando pelo *Ovum*, percebemos o retorno de uma das cenas freqüentemente. Essa lexia tem um certo clima abstrato. Nela, podemos ver bolhas que sobem, da parte inferior à parte superior da tela. Quando "clicarmos" numa dessas bolhas, somos "levados" para um outro ponto do aplicativo. Na primeira vez, aparece uma cena com várias silhuetas dançando. Conforme continuamos "clicando", outras silhuetas aparecem randomicamente na tela. No meu caso, mais uma vez, "caí" naquela imagem abstrata e "cliquei" em uma das bolhas que subiam. Desta vez fui parar numa imagem grande, espécie de mapa dobrado. Conforme movia o *mouse*, a imagem se deslocava na tela. A sensação é interessante e lembra a percepção visual que temos quando olhamos para uma paisagem através de uma luneta.

Ao final de um período de interação com o *Ovum*, percebmos que não há uma "coerência" entre as telas. As que se repetem ajudam bastante para aliviar a sensação de estar perdido em seu hiperespaço. O fato de retornar para uma situação conhecida, contribui para ir criando uma certa familiaridade com o sistema. Além disso, esse retorno cria uma amarração com as outras telas (tão diferentes). Isso significa que é importante que o programa nos envie para algo já conhecido, caso contrário, todo o resto ficaria "solto" e sem sentido. Quando se consegue sair de uma tela conhecida e encontrar uma outra, totalmente nova, isso causa uma sensação agradável. Percebemos que estamos explorando os limites do sistema. Podemos, dessa forma, concluir que os limites não são nem tão vastos, nem tão pequenos. Cabe lembrar que, nesse CD-ROM, é possível retornar a uma tela conhecida por meio de "caminhos" diferentes. Isso corresponde aos ciclos do labirinto que já discutimos no Capítulo 4, no item *Número ciclomático*. A presença dos ciclos na estrutura hipermidiática, além de trazer o conforto psicológico de ser um ponto de retorno, adquire outras características interessantes. No hipertexto, é possível programar para que os percursos se alterem e não fiquem repetitivos. Dessa forma, quando, a partir de uma lexia conhecida, prosseguimos para um ponto novo de exploração, percebemos que o sistema já não é mais o *mesmo*. A lexia ciclomática se revela como uma caixa de surpresas, repleta de novidades, a ser explorada.

3. Sessão

A *sessão* compreende o período de tempo em que nos dedicamos a explorar um sistema hipertextual. Pode-se dizer que uma *sessão* termina quando o usuário sai (*quit*) do sistema. O artigo de J. Yellowlees Douglas, "Como eu paro esta coisa?!: fechamento e indeterminação nas narrativas interativas"[4], examina o problema de finalização, no sentido de conclusão, de uma leitura de hipertexto. No entanto, é importante lembrar que o fato de uma pessoa sair do sistema (*quit*) não significa necessariamente que ela tenha "terminado", "finalizado" a leitura ou pesquisa.

Rosenberg (1996:10) comenta que existem diversas maneiras e motivos que levam uma pessoa a "finalizar" uma *sessão*. Talvez a mais freqüente razão para uma pessoa querer sair do hipertexto seja o fato de estar muito cansada. Como é evidente, existe uma limitação humana, física até, para permanecer diante da tela de um computador, enquanto a maioria dos aplicativos, isto sem mencionar os *sites* da WWW, contém informações numa proporção que beira o infinito. Um segundo motivo para a saída do sistema pode ser algo externo e acidental, como uma queda no fornecimento de energia. Neste momento, enfatiza Rosenberg, é preciso que seja possível o leitor recuperar não só o último *actema*, mas também a estrutura do *episódio*. Finalmente, o leitor pode decidir abandonar o sistema após já ter conseguido a(s) informação(ões) que procurava.

Sabe-se que não é possível explorar profundamente um aplicativo hipermidiático em uma só vez. David Kolb (1993:323) enfatiza essa necessidade de múltiplas jornadas ao descrever o hipertexto como sendo uma rede de textos, uma paisagem que não pode ser vista como um todo de uma só vez, mas que exige ser explorada por diferentes rotas.

Desta forma, o leitor pode empreender diversas sessões, com o

---

4) "*How do I stop this thing?!: closure and indeterminacy in interactive narratives*".

objetivo de extrair algo "lógico", conseqüente (ou seja, de formar um *episódio*). O *episódio* pode ser formado a partir de diversas sessões que vão sendo somadas. Por outro lado, uma única *sessão* pode fazer despontar diferentes inícios de *episódios*.

Perdidos no hiperespaço

Pesquisas em Ciências Cognitivas afirmam que nos perdemos muito mais em um trabalho hipertextual do que com um livro em nossas mãos. Isto porque na tela do computador temos acesso a apenas um fragmento do texto, ou como disse Lévy, na tela do computador:

> (...) somente temos acesso direto a uma pequena superfície vinda de outro espaço, como que suspensa entre dois mundos, sobre a qual é difícil projetar-se. É como se explorássemos um grande mapa sem nunca podermos desdobrá-lo, sempre através de espaços minúsculos. (1993:37)

A simples atitude de seguir uma série de *links* não é suficiente para criar um todo coerente na mente do leitor. Muitas vezes o leitor se sente perdido no *hiperespaço* e essa sensação de desorientação pode, no caso de um trabalho poético, fazer parte da intenção do artista. Porém, quando estamos falando em pesquisas com um objetivo específico, tal desconforto deve ser evitado. Muitas pessoas chegam a relatar que essa imensidão de dados lhes causa uma sensação tão angustiante, que já desistiram desse tipo de pesquisa.

Como conselho para o andarilho não se perder no labirinto, Rosenstiehl recomenda: "Só a ponta do lápis, cada vez mais próxima, chega ao fim: quando se tenta ver muito longe, perdemo-nos" (1988:255). Nas palavras do matemático, o labirinto oferece ao nômade "problemas de rede resolvíveis com miopia". Um exemplo bastante claro da importância de se procurar seguir o labirinto passo a passo são os labirintos gráficos, como os que vêm impressos em jornais e revistas. Muitos desses labirintos são projetados com tal habilidade de iludir-nos que, num primeiro olhar, poderíamos supor que seguindo um determinado caminho alcançaríamos nosso alvo. No entanto, durante o ato de percorrer suas encruzilhadas, percebemos que não adianta seguir pelo trajeto que parecia ser o mais fácil e somos obrigados a seguir um caminho bem mais longo e tortuoso. O lápis, desta forma, nos ajuda a avançar, pois com ele estamos criando uma seqüência ponto a ponto. Assim, em muitos casos, o fato de contarmos com a visão panorâmica pode nos atrapalhar. Apenas através de um caminhar míope, desfazendo-se da visão global, o andarilho não se confundirá. Desta forma, "saber não ver" e avançar lentamente apresenta-se como solução para a maioria dos labirintos.

> A sentença pindárica comenta: "A mais louca espécie entre os homens é a dos que desprezam o que tem ao seu lado e miram apenas o longe à caça do inconsistente com vãs esperanças". (Calasso, 1990:44)

As habilidades requeridas para que o viajante consiga percorrer o labirinto se assemelham muito àquelas necessárias para o desenvolvimento de um raciocínio matemático. Gardner (1994: 108-131), em *Estruturas da mente: a teoria das inteligências múltiplas*, apresenta dois aspectos básicos: a capacidade de manejar longas cadeias de raciocínio (isto significa ser capaz de seguir uma determinada seqüência); e, a mais difícil das habilidades, conseguir criar uma nova ordem. Portanto, a primeira necessidade é a de conseguir avançar passo a passo no raciocínio, não tentar pular etapas. Basicamente, o problema não é descobrir qual caminho seria o correto, mas adotar um procedimento e ir avançando de uma forma coerente. Em outras palavras, ser "consistente", no sentido usado pela Teoria do Caos (Mainzer, 1994). Peirce (1990:22) também discorreu sobre as habilidades que um matemático deve ter:

> (...) a matemática requer um certo vigor do pensamento, o poder de concentração da atenção de forma a manter na mente uma imagem altamente complexa e mantê-la assim o bastante para ser observada...

O herói do labirinto, o viajante do ciberespaço, precisa dessa capacidade matemática de concentração e seu avanço deve ser passo a passo. Além disso, o viajante precisa marcar o caminho percorrido. Rosenstiehl (1988:269) já nos alertou do perigo de perdermos os vestígios por onde passamos e, tal como o *Pequeno Polegar*[5], que marcou seu caminho com migalhas, perdermos definitivamente o caminho de regresso.

---

5) O conto de fadas *O Pequeno Polegar* foi discutido neste livro, no Capítulo 3, item *Pedras e marcadores de páginas*.

Voltemos um pouco ao mito do labirinto, especificamente à figura de Teseu. Como se sabe, Teseu esquece Ariadne em uma ilha, quando estavam voltando para Atenas. Esse esquecimento de Teseu merece um pouco de nossa atenção. Na versão de Homero, Teseu não teve "consciência" do cruel esquecimento. Conforme Calasso (1990:17) nos afirma:

> Teseu abandona Ariadne não por uma razão precisa ou por outra mulher, mas porque *Ariadne sai de sua memória*, num momento que é todos os momentos. Quando Teseu se distrai, alguém está perdido. (grifo nosso)

Vejamos o que está nos dizendo Calasso: Teseu abandona Ariadne porque ela "sai de sua memória" e, então, algo está perdido. Isto é bastante comum nas pesquisas em hipermídia. Simplesmente esquecemos algo que, por um momento, foi fundamental em nossa aventura (afinal foi Ariadne quem ajudou Teseu a sair do labirinto). Ou ainda esquecemos de "salvar", gravar na memória do computador ou disco. Podemos dizer, tudo bem, se esquecemos é porque aquilo não nos importava mais. Isto pode ser verdade... No entanto, algo foi perdido.

Ariadne será abandonada na ilha "que ninguém habita", "lugar de obsessão circular" do qual "não existe saída" (Calasso, 1990:17). Totalmente desolada por ter sido traída, Ariadne penetra o labirinto de sua alma e afirma não querer amar, nem viver mais... O mito nos conta que Ariadne encontra um labirinto terrível, um labirinto sem saída, cíclico, sem fim. Porém, a narrativa prossegue e, num outro momento, nossa amante do labirinto se torna a esposa de Dionísio.

O labirinto vivido

O traçado do labirinto construído pelo viajante é do tipo labirinto sem bívios. Ou seja, o labirinto vivido acaba sendo uma linha contínua. Mesmo se essa linha insiste em voltar para determinados pontos, geometricamente temos, durante uma excursão com começo, meio e fim, uma linha seqüencial.

O labirinto vivido se apresenta como uma paisagem em movimento, composta por elementos heterogêneos. O labirinto "real" (se é que se pode usar esse termo ao nos referirmos à rede construída a partir dos pontos locados em um URL ou à estrutura de um CD-ROM), de uma forma geral, não tem muito de rizomático, mas, pelo contrário, é composto por projetos calculados por uma inteligência pensante, racional, deliberada.

O labirinto vivido, por sua vez, pode ser fruto de impulsos, interesses súbitos e surpresas. O labirinto vivido vai se formando como uma *assemblage* na qual o diverso quis se interconectar. O labirinto vivido é uma imagem que não se visualiza facilmente, um mapa que muito se esquiva de ser decalcado. O labirinto vivido une e funde em si tanto o que era desejável como aquilo que o viajante nem sonhava encontrar pela frente. O labirinto vivido, muitas vezes, será organizado e estruturado num terceiro momento, porém, ele será sempre mais do que esse terceiro. Em sua luta para não se reduzir a mais um labirinto "real", o labirinto vivido permanece enquanto experiência única, luminosa e sombria, maravilhosa e assustadora. O labirinto vivido parece escapar a qualquer classificação e por mais que tentemos estudar sua natureza, ele se mantém como mistério. Sensações diversas afloram ao percorrermos esse labirinto vivido, e essa multiplicidade é própria de sua textura. Toda vez que tentamos apreendê-las, elas se esvaem. Se quisermos reencontrá-las, temos que adentrar novamente na complexidade desse labirinto, temos que retomar nossa tapeçaria e, tal como Penélope, não querer jamais finalizá-la. Pois finalizar a tapeçaria implica não mais tecê-la e perder com esse fim o prazer único de tramar seus fios. Respeitar Ulisses significa permitir que ele continue sua jornada. Além disso, passado um tempo, Ulisses deve retornar e encontrar sua pátria.

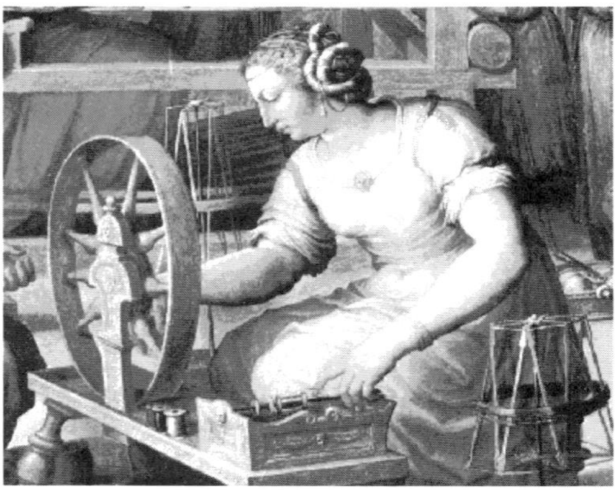

Figura 46
Penélope tecendo, na pintura de Stradamo.

O viajante "não faz o mapa", não é topógrafo do labirinto, diz Rosenstiehl (1988:252). Mas o que seria o mapa de um labirinto? O mapa não é o decalque, uma imagem, uma reprodução. Deleuze e Guattari (1995:22) nos falam que o mapa, em oposição ao decalque, pertence ao estado rizomático: "O mapa é aberto, conectável em todas as suas dimensões, desmontável, reversível, suscetível de receber modificações constantemente". Fazer um mapa é construção. Construção que evidencia as interconexões, construção em pleno movimento, em metamorfose constante. "O que o decalque reproduz do mapa ou do rizoma são somente os impasses, os bloqueios, os germes de pivô ou os pontos de estruturação." (Deleuze e Guattari, 1995:23).

O oceano do navegador e o deserto do nômade pertencem ao universo do rizoma, ao *nomos*. Por outro lado, o espaço construído do engenheiro pertence ao sistema arborescente, ao *logos*. De uma forma geral, os aplicativos e os *sites* são construídos dentro de um princípio hierarquizante, organizados em índices e tópicos. Além disso, não se pode esquecer que os endereços URL correspondem a um local único, fixo. Poderíamos nos perguntar o que seria um texto polimórfico, realmente hipertextual. Talvez um trabalho que fosse o resultado de vários textos se entrelaçando, nó fundador de uma rica tapeçaria, ou um texto multivocal, um debate, uma discussão. Talvez... A verdade é que ainda temos poucos exemplos em que o espaço multidimensional do computador tenha sido de fato explorado. Continuamos a ver, na sua grande maioria, trabalhos pertencentes a um plano bidimensional. A mera existência de *links* não representa a conquista de uma outra dimensão.

Voltando à experiência do nômade, ao percorrer o labirinto, ele vivencia a perda de orientação, pois não conhece a ordem global. Por outro lado, ele se sente induzido a procurar uma ordem. Este é o grande desafio da jornada: descobrir, através de um trajeto tortuoso, incerto, um todo coerente. Em outras palavras, quando o viajante consegue reconhecer passagens, reencontrar pontos, ele sente uma familiaridade que irá definir o contorno de sua área, de seu território. A noção de território que estou empregando deriva de Deleuze e Guattari e, desta forma, inclui o sentido de uma linha de fuga. Os sistemas hipermidiáticos não negam essa necessidade ao usuário: a possibilidade de ir para fora do sistema ou a "lugar nenhum", como diria Rosenberg (1994:1). Além disso, é preciso distinguir o conceito de território em Deleuze e Guattari da noção de propriedade. Território é algo móvel, em constante gênese. Território, nesse sentido, se assemelha à relação que alguns povos têm com seus tapetes

(Durand, 1989:172). Os tapetes de oração dos povos mulçumanos, por exemplo, representam uma terra sagrada, e, ao serem desdobrados no momento da prece, dão aos seus fiéis o contato com a espiritualidade. Temos aí, de forma bem clara, cristalizada na imagem do tapete, o conceito de território móvel. Além disso, o nômade, ao deitar seu tapete sobre a terra estrangeira, está incorporando um território, num processo de territorialização.

Michael Joyce também nos fala dessa noção de contorno, desse "todo" oscilante, múltiplo e transitório, que se forma com nossa imersão no ambiente hipermidiático.[7] O viajante intui que exista uma ordem, uma coerência (Calabrese, 1988:147). A natureza do desafio é ambígua: embora exista um prazer no perder-se, existe outro muito grande no reencontrar-se. Em um primeiro momento, a ordem é anulada; no segundo, ela é reconstruída. Quando o viajante anula a ordem, na verdade, ele nega a globalidade, exatamente por não conhecê-la, por não dispor de um olhar panorâmico. Para reconstruir a ordem global, o nômade precisa contar com as inferências que obtém localmente (Calabrese, 1988).

O retorno

O retorno é o momento em que se cria um terceiro labirinto. A princípio, após a experiência hipertextual, o leitor começa a formar uma imagem daquilo que foi visitando pelas diferentes partes do documento. Imagem fugidia, que se evapora facilmente, a viagem quase sempre se perde. É possível, por exemplo, salvar os *sites* mais interessantes, criar *bookmarks*, etc. Mas o labirinto vivido se dissipa muito facilmente.

Podemos então nos perguntar: como Ulisses organiza o material pesquisado? Como Ulisses estrutura esses dados de forma a realmente conseguir criar um tecido coeso? Enfim, parece que o maior problema encontrado, quando se pesquisa na Internet, está na construção de um método para organizar e tirar proveito da informação, ou seja, manipular o labirinto criado no momento da leitura e a partir dele construir um outro.

Kolb (1993:326) diz que a escrita é um passo para se perder o centro do pensamento e ao mesmo tempo ganhar. Perdemos o centro,

6) Ver também o Capítulo 2, item *A teoria das organizações acentradas.*

pois inevitavelmente perdemos o aspecto vivido do estar falando, da oralidade. Ganhamos, pois, uma vez que o pensamento está congelado na forma escrita, podemos reexaminar o material de uma forma mais aprofundada. Ou seja, nessa passagem do pensamento para a escrita, nesse processo de transcodificação, ocorrem perdas e ganhos. O mesmo ocorre quando o leitor sai da postura de mero surfista da WWW para a de construtor de uma pesquisa. Ulisses perde, sem dúvida alguma, o aspecto vívido e em movimento que sua excursão na rede lhe proporcionara. Mas, por outro lado, na medida em que passa para o momento de organização dos dados em um documento pessoal, nosso herói pode repensar uma série de escolhas.

É bastante necessário que outras excursões à rede sejam feitas. Um exame *off-line* (desconectado da rede) do material recolhido também ajuda muito. Após essa revisão, Ulisses não irá repetir *sites* desnecessariamente, e, caso sinta a necessidade de retomar endereços visitados em outras empreitadas, já não chegará lá como na sua primeira vez. Esta terceira construção perde o frescor do passeio e retoma uma necessidade racional de organização. Ulisses não irá construir um labirinto sem procurar rever os pontos mais importantes, sem procurar dar a esse material descoberto uma estrutura global. Um pouco como que renunciando ao labirinto vivido, pura experiência imediata, o terceiro labirinto generaliza, filtra e sepulta o virtual.

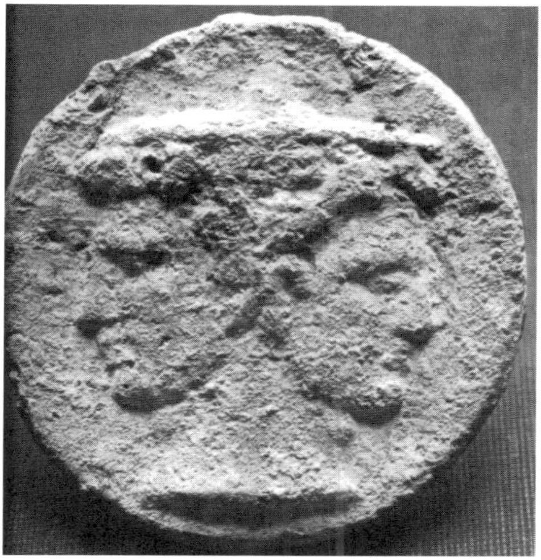

Figura 47
Moeda romana com o semblante de Jano.

O ROSTO TRÍPLICE DE JANO: À GUISA DE CONCLUSÃO

É chegada a hora de finalizar o livro. Este momento é quase um "não-tempo", um pouco o tríplice tempo que as faces contrapostas de Jano nos revela. O deus romano, senhor das portas solsticiais, nos traz o mês de janeiro, e, com ele, a regeneração, o ano novo. O término deste trabalho é também a instauração de um limite. No entanto, a finalização já aponta simultaneamente para um novo percurso que se inicia. Terminar passa a ser a instauração de uma porta. Em sua natureza dupla, as portas, ao mesmo tempo em que fecham, também abrem espaços. A efígie de Jano nos apresenta dois rostos, um que contempla o passado e outro, o futuro. A noção de tempo tríplice emerge do fato de que:

> (...) entre o passado que não é mais e o futuro que ainda não é, o verdadeiro rosto de Jano, aquele que olha o presente, não é

nenhum dos dois que podemos ver. Esse terceiro rosto, de fato, é invisível, porque o presente, em sua manifestação temporal, é apenas um instante imperceptível. (Guénon, 1989:211)

Com o objetivo de revelar esse tempo tríplice, proponho dois olhares: um para o passado e outro para o futuro. Olhar para o passado implica rever o labirinto que foi construído no decorrer da pesquisa. Lembremos que, para os Malekulas, na entrada no reino dos mortos, a alma era desafiada a refazer o desenho de um labirinto. Tentarei também refazê-lo.

Vimos, no decorrer desta pesquisa, que o labirinto se corporifica nos sistemas hipermidiáticos com três roupagens diferentes. Sua primeira aparição se dá como construção, fruto da tectônica (do grego *tektonikés*, ou seja, *téchne*). Nessa primeira versão, o labirinto é produto da arte de edificar. Esse labirinto é resultado de um pensar deliberado, racional e encontra seu paralelo na construção de dédalos famosos como o Palácio de Cnossos, ou o egípcio, que, com caminhos entrelaçados, tornaram-se célebres monumentos da humanidade.

À medida que o viajante percorre a hipermídia, um segundo labirinto vai sendo criado. Seu desenvolvimento é espontâneo, natural, dificílimo de prever. O segundo labirinto pertence à esfera dos labirintos naturais, tais como as conchas, ou mesmo algumas partes do corpo humano (osso etmóide, ouvidos internos, rins, cérebro, etc.). Não é curioso que nossas impressões digitais sejam a imagem do labirinto único e intransferível que cada um de nós carrega? É possível negar esse nosso lado labiríntico? É possível fugir de suas curvas e circunvoluções? Labirinto-gruta que se forma naturalmente, labirinto-orgão de misteriosos e complexos funcionamentos. Que deslumbramento nosso ouvido interno nos revela, quando descobrimos que seu labirinto ósseo contém um outro labirinto, o membranoso![1]

O terceiro labirinto é um ponto de retorno ao labirinto-construção. Momento em que a experiência se refaz racionalmente organizada. Tempo de colheita após os desvios do labirinto vivido. Rever a pesquisa neste momento final é também um pouco remontar mentalmente a tapeçaria que teci nesses anos de trabalho. Na tecedura desse livro percebi mais mistérios e questões a respeito dos espaços hipermidiáticos do que respostas e conclusões. O labirinto evocado se revelou extremamente grandioso, repleto de recantos e em transformações constantes.

---

1) O sistema de labirintos que forma o nosso ouvido interno é formado pelos labirintos ósseo e membranoso. O labirinto ósseo é uma formação composta de canais semicirculares, vestíbulo, cóclea e perilinfa (líquido que fica entre os dois labirintos); o labirinto membranoso fica no interior do labirinto ósseo e contém a endolinfa.

GLOSSÁRIO

Arquitetura orgânica: conceito desenvolvido pelo arquiteto Frank Lloyd Wright (1867-1959), inspirado em formas biológicas e nas construções tradicionais japonesas.

Biblioteca Eletrônica: endereço na Web que oferece acesso a publicações *on line*. Ver Projeto Perseus e Projeto Gutenberg no apêndice, item *Índice de sites*.

Browser: programa utilizado para navegar na Web. O *Netscape Navigator*, por exemplo, é um *browser*, uma interface que possibilita o acesso às páginas da rede através do globo terrestre. Além disso, os *browsers* permitem acesso a recursos como correio eletrônico (*e-mail*), transferência de arquivos (*download*) e acesso a grupos de discussão. Outros exemplos de *browser* são o *Mosaic* e o *Internet Explorer*.

CD-ROM: nome derivado de *compact disk read-only memory*, (disco compacto com memória somente de leitura). Tipo de disco a laser que pode armazenar mais de 600 megabytes de informação digital, seja ela no formato de texto, imagem, som, vídeo, etc.

CERN: sigla derivada de *Conseil Européen pour la Recherche Nucleaire* (Conselho Europeu para Pesquisa Nuclear). O CERN é um "laboratório europeu de física das partículas". Neste laboratório, Tim Berners-Lee desenvolveu a WWW.

Ciberespaço: este termo foi criado por Willian Gibson em seu livro Neuromancer (1984). Atualmente, a palavra vem sendo utilizada para designar o espaço criado pelo computador e pelas redes de informação.

Chip: pequena peça de silício que contém um circuito eletrônico integrado embutido.

Cliente: aquele que requisita serviços de um servidor. No caso da WWW, os programas que trabalham como clientes são os navegadores (*browsers*).

Correio eletrônico: o mesmo que e-mail.

Data gloves: dispositivo de entrada de dados no computador em forma de luvas. Muito utilizadas em Realidade Virtual, as *data gloves* coletam informações a respeito dos movimentos de um corpo e as transmitem ao computador.

Default: valor predefinido ou padrão que é assumido automaticamente pelo computador, caso não se tenha especificado outro.

Deletar: apagar, remover.

Download: processo no qual o usuário da rede copia um arquivo para seu computador. O termo também é usado para referir ao recebimento de uma página da WWW.

E-mail (*electronic mail*): ou correio eletrônico, é um sistema de troca de informações — cartas, comunicados, imagens ou até mesmo documentos inteiros — dirigidas a uma pessoa específica ou instituição, entre usuários da rede através do computador. O endereço do e-mail (caixa postal) é composto pelo nome do usuário (ou abreviação), arroba (@) e o nome do domínio a que o usuário pertence. Em geral, o endereço é algo assim: maria@uol.com.br, ou seja, caixa postal de Maria, no domínio do provedor **x** (uol), empresa comercial (com), situada no Brasil (br).

Hipermídia: em geral, o termo é utilizado para designar a tecnologia que engloba recursos advindos de mídias diversas (multimídia) e hipertexto. A WWW é uma rede criada a partir da tecnologia hipermidiática.

Hipertexto: tipo de documento digital que permite ligações cruzadas entre diversas partes de um mesmo documento ou através de documentos diferentes. As ligações são realizadas a partir de elos (*links*) entre os diferentes pontos do sistema hipertextual.

Hiperlinks: elos entre diferentes partes de um documento ou entre documentos diversos.

Home page: o termo pode significar tanto a porta de entrada de um endereço na WWW, como também a página principal de uma seção.

Hotlinks: têm a mesma função dos *links*, com a diferença de que, em geral, vêm destacados do corpo do hipertexto através do uso de uma cor diferente.

Hotwords: o mesmo que *Hotlinks*.

HTML *(Hypertext Markup Language)*: linguagem usada para produção de páginas para a WWW. É possível escrever páginas usando um processador de texto e incluindo os códigos (*tags*) que indicam a função de cada elemento da página.

Input: ato de transferir dados ou informações de fora de um computador para sua memória principal.

Internauta: aquele que navega pela Internet.

Internet: rede de computadores espalhados em diversos pontos; rede das redes, isto é, rede formada por um aglomerado de redes, entre elas as TCP/IP universitárias, estaduais, regionais, nacionais, etc. A Internet forma uma única rede lógica ao compartilhar o mesmo sistema de endereçamento.

Link: conexão que liga uma página a outra no hipertexto ou um ponto do sistema hipertextual a outro qualquer. No caso da Internet, os *links* se processam através do endereço do protocolo de transferência, URL.

Net: o mesmo que Internet.

Nó: um computador conectado permanentemente na rede e que permite o acesso dos usuários. Também denominado *host*.

Placa: peça plana, fina, com diversos circuitos impressos. Esses circuitos formam caminhos tortuosos e complexos, semelhantes às estruturas labirínticas. Nas placas estão instalados diversos componentes eletrônicos, entre eles os chips. Os chips são soldados nos circuitos (caminhos metálicos) de forma a criar conexões para que a eletricidade passe. A placa-mãe do computador é uma superfície plana e grande que fica dentro do gabinete. Todos os componentes básicos do computador (a CPU – unidade central de processamento, o disco rígido, os *slots de bus* e memória, etc.) são montados sobre a placa-mãe.

Search: abreviação dada a sistemas que realizam buscas na Internet. A busca pode ser através de nomes e de palavras-chaves. Dentre as ferramentas existentes, podemos citar o *Alta Vista*, o *Yahoo*, o *Webcrawler*, entre outros. Cada um deles opera de uma maneira diferente e podem, conseqüentemente, oferecer resultados mais ou menos precisos de acordo com o caso.

Scripts: termo usado neste livro de uma forma genérica para designar uma série de comandos que o programador (respeitando as regras de uma determinada linguagem escreve para que o programa execute alguma tarefa específica.

Servidor: denominação usada para qualquer computador que compartilhe arquivos e serviços com outros usuários. Na Web, são os programas que armazenam as páginas, verificam o acesso a arquivos. Podem também executar programas de busca (*search*).

Site: endereço da Web que oferece serviços e informações aos usuários.

URL (*uniform resource locater*): cada documento na Web tem um endereço, indicando o nome do arquivo, diretório, nome do servidor e método. A tradução literal seria "localizador uniforme de recursos".

Web (*World Wide Web*): parte da Internet que conta com a tecnologia hipermidiática para navegação. Seu criador foi Tim Berners-Lee (CERN).

WWW: o mesmo que Web.

ÍNDICE DOS *SITES* CITADOS

Instituições e organizações

MIT: Massachusetts Institute of Technology. Boston, Massachusetts. http://web.mit.edu/

Caiia: Centre for Advanced Inquiry in the Interactive Arts. Newport School of Art and Design, Gwent College of Higher Education. Gwent, Wales,UK http://caiiamind.nsad.newport.ac.uk/planetary_collegium.html

ACM: Association for Computing Machinery, pertencente ao New Jersey Institute of Technology. Organização que promove importantes congressos na área de computação. http://www.acm.org/home.html

SIGLINK: grupo da ACM com interesse especial em hipertexto e hipermídia. Esse endereço lista diversas conferências sobre hipertexto, além das publicações dos anais respectivos. http://info.acm.org/siglink/

Eastgate on the Web: endereço da empresa que edita o programa *Storyspace* e diversos títulos em hipertexto. http://www.eastgate.com

ISEA: International Society for the Electronic Arts. http://www.music.mcgill.ca/sat/isea/

Hyper-G: sistema mantido por um grupo de pesquisadores em hipermídia. http://hyperg.iicm.tu-graz.ac.at/hyperg

Bibliotecas virtuais

Projeto Gutenberg: biblioteca eletrônica de obras de referência e literatura universal. No acervo, obras como a Bíblia, clássicos da literatura mundial (Shakespeare, Dickens, Lewis Carrol, Jane Austen, entre outros), enciclopédias, etc. Michael Hart, seu diretor-executivo, pretende democratizar a informação. Além do *site* na Internet, existe a versão impressa em CD-ROM. http://promo.net/pg/

Projeto Perseus: biblioteca eletrônica especializada em cultura clássica (grega e romana). Oferece obras completas (em inglês e grego) de Aristófanes, Aristóteles, Demóstenes, Eurípedes, Hesíodo, Homero, Píndaro, Platão, entre outros. Além disso, inclui dicionários, mapas, imagens e artigos sobre o mundo clássico. O idealizador e diretor do projeto é Gregory Cane. Atualmente está sediado na Universidade de Tufts, podendo ser visitado pela WWW. Existe também uma versão impressa em CD-ROM. www.perseus.tufts.edu

Biblioteca Nacional da França: endereço na WWW da famosa biblioteca. http://www.bnf.fr/

Biblioteca do Congresso Americano:
http://www.loc.gov/

Revistas e jornais eletrônicos

Interlab: http://www.pucsp.br/~cos-puc/interlab

Leonardo: versão eletrônica reduzida da famosa revista de pesquisa em artes, ciências e tecnologia.
http://www-mitpress.mit.edu/Leonardo/home.html

Hotwired: versão na Web da revista californiana.
http://www.hotwired.com

The Blue Arm: http://www.bluearm.org/pages/main.html

The New River: jornal sobre hipertexto e arte.
http://ebbs.english.vt.edu/olp/newriver

Postmodern Culture: http://muse.jhu.edu/journals/postmodern_culture/toc/

Artistas e pesquisadores

Roy Ascott: http://caiia-star.newport.plymouth.ac.uk/

Eduardo Kac: http://www.uky.edu/FineArts/Art/kac/kachome.html

António Muntadas: http://fileroom.aaup.uic.edu/FileRoom/documents/homepage.html

Stelarc: http://merlin.com.au/stelarc/

Sites *de busca citados*

http://www.webcrawler.com/
http://www.altavista.digital.com/
http://www.yahoo.com/

Pesquisa rápida e material de referência

http://www.iTools.com/research-it/research-it.html
http://www.cybertown.com/library.html

Outros endereços

Endereço com o texto integral de Vannevar Bush, "As we may think".
http://www.isg.sfu.ca/~duchier/misc/vbush/

Uma versão para a WWW de *Cent mille milliards de poémes*, de Queneau, pode ser encontrada no endereço:
http://www.panix.com/~todonnel/

Un conte à votre façon, de Queneau, também foi recriado digitalmente e está presente na Internet:
http://fub46.zedat.fu-berlin.de/~cantsin/welcome.html

ÍNDICE DAS ILUSTRAÇÕES

ÍNDICE REMISSIVO

BIBLIOGRAFIA

AARSETH, Espen. "Nonlinearity and literary theory". In: *Hypertext and literary theory*, (George P. Landow, ed.). Baltimore, Johns Hopkins, 1993.

ANDERSON, Myrdene e Floyd Merrell (eds.). *On semiotic modeling*. Berlin-NY, Mouton de Gruyter, 1991.

ASCOTT, Roy. "The architecture of cyberception". *ISEA'94, The 5th International Symposium on Eletronic Art*. Helsinki, Finland, 1994.

____________. "Cultivando o hipercórtex". In: *A arte no século XXI: a humanização das tecnologias*, (Diana Domingues, org.). São Paulo, UNESP, 1997.

____________. "The a-z of interactive arts". *Leonardo Electronic Almanac*, v. 3, n.11, nov. 1995a.

BACHELARD, Gaston. *A água e os sonhos: ensaio sobre a imaginação da matéria*. São Paulo, Martins Fontes, 1989.

BAKHTIN, Mikhail. *Problemas na poética de Dostoiévski*. Rio de Janeiro, Forense, 1981.

BARTHES, Roland. *Mitologias*. Rio de Janeiro, Bertrand, 1989.

____________. *S/Z*. Paris, Ed. Seuil, 1970.

BELLOUR, Raymond. "Acreditar no cinema". *Cadernos de subjetividade* 3:1, São Paulo,1995, pp. 21-32.

BENEDIKT, Michael. *Cyberspace: first steps*. Cambridge, MIT press, 1994.

BENJAMIN, Walter. *Reflections*. New York, Schoken, 1978.

BERNSTEIN, Mark. "Conversations with friends". *International workshop on hypermedia design*, Montpellier, 1995.

BLACKBURN, Simon. "Practical tortoise raising". *Mind*, v.104, 416, outubro 1995, pp. 695-711.

BOLTER, Jay David. "Topographic writing: hypertext and the electronic writing space". In: *Hypermedia and literary studies*, (George P. Landow e Paul Delany, eds.). Cambridge, MIT Press, 1990.

BORGES, Jorge Luis. *Obras completas - 1923-1949*, v.1, Buenos Aires, Emecé, 1989.

BURNETT, Kathleen. "Toward a theory of hypertextual design", Communication Information & Library Studies, Rutgers University, *Postmodern culture* [on line journal] 3.2 (1), jan. 1993.

BUREAUD, Annick. "Le territoire online". http://www.artmag.com/forest/bureaud.html

BUSH, Vannevar. "As we may think", *Atlantic Monthly*, 176 (1):101-8, jul.1945.

CALABRESE, Omar. *A idade neobarroca*. São Paulo, Martins Fontes, 1988.

CAMPBELL, Joseph. *A imagem mítica*. Campinas, Papirus, 1994.

CALASSO, Roberto. *As núpcias de Cadmo e Harmonia: mitos*. São Paulo, Cia. das Letras, 1990.

CALVINO, Italo. *O castelo dos destinos cruzados.* São Paulo, Cia. das Letras, 1991.
CAMPOS, Martha Machado. *Vitória pelo viés labiríntico de Creta - arquitetura, cidade, pós-moderno.* Dissertação de Mestrado. Pontifícia Universidade Católica de São Paulo, Programa de Comunicação e Semiótica, 1994.
CARVALHO, José Carlos de Paula. *Aporia e gnosis: a hermenêutica do símbolo do labirinto.* Dissertação de Mestrado. Faculdade de Filosofia, Letras e Ciências Humanas da Universidade de São Paulo, 1976.
CASTI, John L. *Complexification: explaining a paradoxical world through the science of surprise.* New York, HarperPerennial, 1995.
CASTORÍADES, Cornelius. *As encruzilhadas do labirinto I.* Rio de Janeiro, Paz e Terra,1987.
CHEVALIER, Jean e Alain Gheerbrant. *Dicionário de símbolos.* Rio de Janeiro, José Olympio, 1988.
COMTE-SPONVILLE, André. *Pequeno tratado de grandes virtudes.* São Paulo, Martins Fontes, 1995.
CORTAZAR, Julio. *O jogo da amarelinha.* Rio de Janeiro, Bertrand, 1989.
COUCHOT, Edmond. "A arte pode ser ainda um relógio que adianta? O autor, a obra e o espectador na hora do tempo real". In: *A arte no século XXI: a humanização das tecnologias* (Diana Domingues, org.). São Paulo, UNESP, 1997.
COSTA, Mário. *O sublime tecnológico.* São Paulo, Experimento, 1995.
DAMÁSIO, António R. *O erro de Descartes: emoção, razão e o cérebro humano.* São Paulo, Cia. das Letras, 1996.
DELEUZE, Gilles. *A lógica do sentido.* São Paulo, Perspectiva, 1974.
DELEUZE, Gilles e Felix Guatarri. "Introdução: rizoma", *Mil platôs - capitalismo e esquizofrenia*, v.1. Rio de Janeiro, Ed. 34, 1995.
___________. "Tratado de nomadologia: a máquina de guerra", *Mil platôs - capitalismo e esquizofrenia*, v. 5. Rio de Janeiro, Ed. 34, 1997.
DETIENNE, Marcel. *A escrita de Orfeu.* Rio de Janeiro, Jorge Zahar, 1991.
DOCZI, György. *O poder dos limites. Harmonias e proporções na natureza, arte e arquitetura.* São Paulo, Mercuryo, 1990.
DOUGLAS, J. Yellowlees. "How do I stop this thing?!: closure and indeterminacy in interactive narratives". In: *Hyper/Text/Theory* (George Landow, ed.). Baltimore, The Jonhs Hopkins Univ. Press, 1994.
DILLON, Andrew. "Myths, misconceptions and an alternative perspective on information usage and electronic medium". In: *Hypertext and Cognition*, (J.F. Rouet, *ett alli*, eds.). New York, Lawrence Erlbaum,1996.
DRUCKERY, Timothy (ed.). *Electronic culture: technology and visual representation.* New York, Aperture, 1996.
DURAND, Gilbert. *As estruturas antropológicas do imaginário.* Lisboa, Presença, 1989.
ECO, Umberto. *Obra aberta - forma e indeterminação nas poéticas contemporâneas.* São Paulo, Perspectiva, 1971.
____________. "O triunfo da tecnologia leve, a galáxia de Pã e a comunicação". São Paulo, *Jornal da Tarde*, 9 de jun. de 1996, p. 2C.

EISENSTEIN, Sérguei. "O princípio cinematográfico e o ideograma". Em: *Ideograma* (Haroldo de Campos, org.). São Paulo, Cultrix/EDUSP, 1977.
ELIADE, Mircea. *Tratado de história das religiões*. Lisboa, Ed. Cosmos, 1970.
___________. *O Mito do eterno retorno*. Cascais, Ed. 70, 1988.
FEBVRE, Lucien e Henri-Jean Martin. *O aparecimento do livro*. São Paulo, Unesp, 1992.
FLUSSER, Vilém. "Digital apparition". In: Druckery, Timothy (ed.). *Electronic culture: technology and visual representation*. New York, Aperture, 1996.
FRAZER, James George. *O ramo de ouro*. Rio de Janeiro, Guanabara, 1982.
GARDNER, Howard. *Estruturas da mente: a teoria das inteligências múltiplas*. Porto Alegre, Artes Médicas, 1994.
GIBSON, Willian. *Neuromancer*. New York, Ace Books, 1984.
GLEICK, James. *Caos - a criação de uma nova ciência*. Rio de Janeiro, Campus, 1990.
GRANT, Richard. "Never the same text twice". *The Washington Post*, 11 de jul. de 1993, *Book World Suplemet*, pp. 8-9.
GRIMN, Jakob. (1785-1863). "Joãozinho e Mariazinha". Em: *Os Contos de Grimn*. São Paulo, Paulinas, 1989, pp. 79-90.
GUÉNON, René. *Os símbolos da ciência sagrada*. São Paulo, Pensamento, 1989.
FRONTISI-DUCROUX, Françoise. *Dédale. Mythologie de l'artisan en Gréce ancienne*. Paris, F.Maspero, 1975.
HAYLES, N. Katherine (ed.). *Chaos and order: complex dynamics in literature and science*. Chicago, University Chicago Press, 1991.
HESÍODO. *Os trabalhos e os dias* (Trad. Mary de Camargo Neves Lafer). São Paulo, Iluminuras, 1990.
___________. *Teogonia. A origem dos deuses* (Trad. Jaa Torrano). São Paulo, Iluminuras, 1991.
HEYLIGHEN, Francis. "World-Wide Web: a distributed hypermedia paradigm for global networking". *Proc. SHARE Europe*, Spring 1994, Genéve, 1994. pp. 355-68.
HEYLIGHEN, Francis e Johan Bollen. "The World-Wide Web as a Super-Brain: from metaphor to model". A ser publicado em: *Cybernetics and systems '96* (R. Trappl, ed.). Singapore, World Science.
HIRSCH, Morris. "The chaos of dynamical systems". In: *Chaos, fractals, and dynamics*, (P.Fischer e W.R. Smith, eds.). New York e Basel, Marcel Dekker, 1985.
HOCKE, Gustav R. *Maneirismo: o mundo como labirinto*. São Paulo, Perspectiva, 1974.
HOFSTADTER, Douglas R. *Gödel, Escher, Bach: an eternal golden braid*. New York, Vintage Books, 1979.
___________. *Fluid conceplts and creative analogies. Computer models of the fundamental mechanisms of thought*. New York, Basic Books, 1994.
HOLYOAK, Keith J. e Paul Thagard. Mental leaps - analogy in criative thought. Cambridge, MIT Press, 1995.

HOMERO. *Ilíada* (Trad. Carlos Alberto Nunes). São Paulo, Ediouro, sd.

___________. *Odisséia* (Tradução de Manuel Odorico Mendes). São Paulo, EDUSP, 1992.

JACOBSON, Linda (ed.). *Cyberarts: exploring art & technology.* San Francisco, Miller Freeman, 1992.

JOYCE, Michael. *Of two minds: hypertext pedagogy and poetics.* Michigan, Univ. of Michigan, 1995.

KAC, Eduardo. "Interactive art on the Internet". http://www.uky.edu/FineArts/Art/kac/kachome.html

KERCKHOVE, Derrick de. *The skin of culture. Investigating the new electronic reality* (Christopher Dewdney, ed.). Toronto, Sommerville House, 1995.

___________. "Network art and virtual communities". *Parallel Gallery and Journal.* 1995. http://www.camtech.com.au/parallel/x2/journal/derrick_dk/ddk.html

KOLB, David. "Socrates in the labyrinth". In: *Hypertext and literary theory* (G. Landaw, ed.). Baltimore, Johns Hopkins Press, 1993.

KROKER, Arthur e Marilouise Kroker (ed.). *Digital delirium.* New York, St. Martin's Press, 1997.

LANDOW, George. *Hypertext: the convergence of contemporary critical theory and technology.* Baltimore, Jonh Hopkins Univ. Press, 1992.

LEÃO, Lucia I. C. "Apontamentos a respeito da arquitetura da hipermídia: poéticas da navegação e poéticas da construção". *I Jornada do CEPE - Centro de Estudos Peirceanos.* PUC - Pontifícia Universidade Católica de São Paulo, Programa de Pós-Graduação em Comunicação e Semiótica, 1997.

___________. "On hypermedia design and labyrinth". *Interlab: Intersemiotic studies on hypermedia and labyrinth.* PUC - Pontifícia Universidade Católica de São Paulo, Programa de Pós-Graduação em Comunicação e Semiótica, 1997. http://www.pucsp.br/~cos-puc/interlab/paper.htm

LÉVY, Pierre. *As tecnologias da inteligência: o futuro do pensamento na era da informática.* Rio de Janeiro, Ed.34, 1993.

___________. *Qu' est-ce que le virtuel?* Paris, Ed. La Découverte, 1995.

___________."*Voyage à Cnossos. Schéma: la dérive continue du monde humain*". In: *L'Intelligence collective: pour une anthropologie du cyberspace.* Paris, Ed. La Découverte, 1995a, pp. 231-240.

MACHADO, Arlindo. *Máquina e imaginário: o desafio das poéticas tecnológicas.* São Paulo, EDUSP, 1993.

___________. *Ensaios sobre a contemporaneidade* (CD-ROM). São Paulo, Pontifícia Universidade Católica, 1994.

___________. *Hipermídia: o labirinto como metáfora.* In: Diana Domingues (org.). *A arte no século XXI. A humanização das tecnologias.* São Paulo, UNESP, 1997.

MACKENZIE, Donald Alexander. *Egyptian myths and legends.* New York, Gramercy Books, 1978.

MAINZER, Klaus. *Thinking in complexity: the complex dynamics of matter, mind and mankind.* Berlin e New York, Springer-Verlag, 1994.

MATTHEWS, William Henry. *Mazes and labyrinths: their hystory and development* (1.ed., Londres, 1922). New York, Dover, 1970.
MILLARES, Juan. "De los viajes y los juegos: Ovum y Fuge/Lemoine, o del arte (posible) en CD-ROM". In: *Arte en la era electrónica: perspectivas de una nueva estética* (Claudia Giannetti, ed.). Barcelona, L' Angelot y Goethe Inst., 1997.
MONEGAL, Emir R. *Borges: uma poética de leitura.* São Paulo, Perspectiva, 1980.
MORIN, Edgar. *O Método I - a natureza da natureza.* Europa-América, 1977.
___________. *O Método II - a vida da vida.* Europa-América, 1980.
___________. *Introdução ao pensamento complexo.* Lisboa, Piaget, 1991.
MOSER, Mary Anne e Douglas MacLeod (ed.). *Immersed in technology: art and virtual environments*, Cambridge - Massachusetts, MIT Press, 1996.
NELSON, Theodor Holm,. *Literary machines.* Swarthmore, Pa, 1981.
___________."Virtual world without end". In: *Cyberarts: exploring art & technology* (L. Jacobson, ed.). San Francisco, Miller Freeman, 1992.
PEIRCE, Charles Sanders. *Semiótica.* São Paulo, Perspectiva 1990.
PERRAULT, Charles. "O Pequeno Polegar". In: *Contos de Perrault.* Belo Horizonte, Itatiaia, 1989, pp. 57-88.
PESSIS-PASTERNAK, Guita. *Do caos à inteligência artificial: quando os cientistas se interrogam.* São Paulo, UNESP, 1993.
PETITOT, Jean. "Centrado/acentrado". Em: *Enciclopédia Einaudi,* v.13*, Lógica - Combinatória.* Imprensa Nacional - Casa da Moeda, 1988, pp. 336-93.
___________. "Local / global". In: *Enciclopédia Einaudi,* v. 4*, Local/global.* Imprensa Nacional/Casa da Moeda, 1988a, pp. 11-71.
PLUTARCO. *Vidas paralelas*, v.1 (Tradução de Gilson César Cardoso). São Paulo, Paumape, 1991.
POUNDSTONE, William. *Labyrinths of reason: paradox, puzzles and the fragility of knowledge.* New York, Doubleday, 1988.
PRADO, Gilbertto. "As redes artístico-telemáticas: novos territórios para o imaginário surgem com as 'máquinas de comunicação''. *Imagens*, n.3, dez. 1994. Campinas, Unicamp, 1994.
___________. *Experiences artistiques d'echanges d'images dans les réseaux télématiques – La ligne imaginaire.* Dissertação de Doutorado. Universidade Paris 1/ Panthéon – Sourbonne, UFR, 1994.
QUÉAU, Philippe. *Le virtuel. Vertus et vertiges.* Paris, Champ Vallon/INA, 1993.
___________. "O tempo virtual". In: *Imagem máquina: a era das tecnologias do virtual* (André Parente, org.). Rio de Janeiro, Ed.34, 1993.
RILKE, Rainer Maria. *Poems 1906-26.* Norfolk, New Directions 1959.
RODRIGUES, Antonio Medina. *As utopias gregas.* São Paulo, Brasiliense, 1988.
ROKEBY, David. "Espelhos transformadores". In: *A arte no século XXI: a humanização das tecnologias* (Diana Domingues, org.). São Paulo, UNESP, 1997.
ROSENBERG, Jim. "The structure of hypertext activity". *HT 96- The seventh ACM conference on hypertext*, Washington, 1996.

____________. "Navigating nowhere/hypertext infrawhere". *SIGLINK Newsletter* 3, 3, Dezembro de 1994.

ROSENSTIEHL, Pierre. "Labirinto". Em: *Enciclopédia Einaudi,* v.13*, Lógica - Combinatória.* Imprensa Nacional - Casa da Moeda, 1988, pp. 247-73.

____________. "Rede". In: *Enciclopédia Einaudi,* v. 13*, Lógica/Combinatória.* Imprensa Nacional/Casa da Moeda, 1988a, pp. 228-46.

SANTAELLA, Lucia. *Cultura das mídias.* São Paulo, Razão Social, 1992.

____________. "Palavra, imagem & enigmas". *Revista USP*, 16:36-51, dez-fev., 1992-93.

____________. *A percepção: uma teoria semiótica.* São Paulo, Experimento, 1993.

____________. "A imagem pré-fotográfica pós". *Imagens*, n. 3, dez 1994. Campinas, Unicamp, 1994.

SANTAELLA, Lucia e Winfried Nöth. *Imagem, cognição, semiótica, mídia.* São Paulo, Iluminuras, 1998.

SEGOLIN, Fernando. "O mito e o herói: do Caos ao Cosmos e do Cosmos ao Caos". *III Congresso Internacional Latino-Americano de Semiótica, IV Congresso Brasileiro de Semiótica - Caos & ordem: uma abordagem semiótica.* São Paulo, Pontifícia Universidade Católica, 1996.

STEHLE, Philip. *Order, chaos, order - the transition from classical to quantum physics.* New York, Oxford University Press, 1994.

STERN, Daniel. *O mundo interpessoal do bebê.* Porto Alegre, Artes Médicas, 1992.

STERNE, Laurence (Melvyn New and Joan New, eds.). *The life and opinions of Tristram Shandy, gentleman.* New York, Penguin, 1998.

TORRANO, Jaa. *O sentido de Zeus.* São Paulo, Iluminuras, 1995.

ULMER, Gregory. "Grammatology hypermedia". *Postmodern culture* [on line journal] 1 (2), jan.1991.

VARELA, Francisco J. *et alli. The embodied mind - cognitive science and human experience.* Cambridge, MIT Press, 1996.

VON ECKARDT, B. *What is cognitive science?* Cambridge, MIT Press, 1993.

WILHELM, Richard. *I Ching - o livro das mutações.* São Paulo, Pensamento, 1987.

WRIGHT, Frank Lloyd. *El futuro de la arquitectura.* Buenos Aires, Poseidon, 1954.

ZIELINSKI, Siegfried. "7 Items on the Net". http://www.khm.de/people/staff/sizi.html

Este livro terminou de
ser impresso no dia
15 de fevereiro de 2005
nas oficinas da
Associação Palas Athena,
em São Paulo, São Paulo.